AUTOPORTRAIT

Zao Wou-Ki
et
Françoise Marquet

AUTOPORTRAIT

Fayard

ISBN : 978-2-213-02207-9

I

Mon père est mort en 1968, en pleine Révolution culturelle. Maltraité par les gardes rouges, jusqu'à être obligé de nettoyer la petite impasse où était situé le vieil immeuble qu'il habitait avec ma mère, dans une minuscule mansarde sans aucun confort, humilié à force d'être devenu la risée du quartier parce qu'il était un ancien bourgeois, il a préféré se laisser mourir.

Je ne l'ai jamais revu depuis mon départ de Shanghai, en 1948, malgré mes supplications pour qu'il quittât la Chine et vînt vivre à Hongkong où il aurait pu finir sa vie tranquillement. Aller seulement le voir aurait été un grand réconfort s'il avait accepté ma visite, au risque de porter devant une foule hostile le bonnet réservé à ceux que les gardes rouges considéraient comme traîtres à leur pays.

Ma mère est morte presque dix ans plus tard, en 1975.

Dès 1972, j'ai pu obtenir un visa et lui rendre visite chaque année. Longtemps elle m'a caché les conditions de la mort de mon père.

Ce regret douloureux de n'avoir pas revu mon père m'a tenu éveillé de longues nuits, où je rêvais du regard généreux qu'il portait constamment sur moi et avec plus d'insistance encore lorsque je lui confiais, naïf et désarmé, mon désir d'être peintre. Sans cette confiance, peut-être n'aurais-je pas persisté et serais-je devenu chirurgien, comme je l'avais imaginé. Métier de vocation, aussi, exercé très souvent parmi mes plus proches amitiés et mes fidèles collectionneurs, comme s'il y avait entre l'exercice de la médecine, notamment de la chirurgie, et ma peinture, des affinités particulières que je n'ai jamais cherché à comprendre et que ma femme Françoise m'a immédiatement fait remarquer lorsque nous nous sommes rencontrés.

Lorsque j'ai accepté, en avril 1985, l'invitation de l'École des beaux-arts de Hang-Tcheou d'aller enseigner, pendant un mois, la peinture à des professeurs venus de toutes les Académies de beaux-arts de Chine, j'avais à l'esprit l'idée d'un devoir à accomplir envers mon père. Il aurait approuvé que je ne tienne pas compte des souffrances endurées par ma famille pendant ces dix années qu'a duré la Révolution culturelle, et que je puisse aider la Chine un tant soit peut, dans cette gigantesque mutation qu'a été la Révolution faite par Mao.

Bien que mon père fût un grand bourgeois, il était si scandalisé par le régime de Tchang Kaï-Chek qu'il espérait beaucoup de la venue des communistes au pouvoir.

Plusieurs de mes amis sont allés en Chine: Henri Michaux, Claude Roy, par exemple, et leur connaissance de ce pays fut réelle, mais je reste persuadé qu'il est difficile, pour un Occidental, d'imaginer ce que fut la transformation de ce pays.

J'ai souvent été tenté d'en dénoncer les outrances et les injustices mais, finalement j'ai préféré me taire car Mao a rendu aux Chinois, avant tout, la dignité que leur avaient fait perdre la misère économique et les occupations étrangères.

C'était la position de mon père, j'ai tenu à lui rester fidèle, même si ce fut au prix de certains sacrifices.

J'avais oublié qu'on se bousculait en Chine,

sans agressivité, mêlant impolitesse et gentillesse. Dès notre arrivée à l'aéroport de Hang-Tcheou, nous avons fait la queue, nous retrouvant les derniers, dissimulés derrière d'invraisemblables paquets ficelés dans tous les sens ou d'énormes pastèques, que les paysans, en ce mois d'avril, apportaient de la campagne pour les vendre un centime le kilo. Le douanier, curieux et impassible, nous a fait ouvrir nos bagages, a énuméré les appareils-photos, les montres, les alliances, la radio ou les cassettes, de peur que nous ne les laissions en cadeaux à nos amis chinois. Nous avons suscité beaucoup de curiosité, de bavardages et de rires, chacun imaginant une histoire à notre sujet, la racontant et la commentant, comme cela se fait toujours en Chine, où il n'y a guère de secret pour personne et où l'étranger est toujours objet de curiosité.

L'aéroport ressemblait plus à une petite gare de province française qu'à celui d'une ville de deux millions d'habitants. Il m'a tout de suite rappelé que la Chine, depuis mon départ pour la France quarante ans plus tôt, avait heureusement basculé dans un autre siècle. Lorsque je l'avais quittée, j'avais vingt ans et pour traverser les rivières et les fleuves, il fallait aller à pied ou en barque, faute de ponts !

Quant aux routes, elles ressemblaient plus à des pistes qu'à une départementale mal goudronnée du coin le plus reculé de France. Les postes de péage étaient tenus par des brigands qui vous rançonnaient pour ne pas dire davantage.

Qui en France pouvait imaginer pareille situation ?

Nous sommes arrivés le 24 avril. A Hang-Tcheou, c'était déjà le début de l'été. Il faisait chaud et humide : j'ai gardé de mon enfance la hantise de ce climat. Pour nous protéger de la chaleur, nous étions habillés de plusieurs vêtements de coton superposés dans lesquels il était difficile de se mouvoir. Il était interdit de se plaindre et je me souviens d'étés interminables où la perspective d'une baignade dans la rivière occupait les rêves de mes frères et sœurs mais restait hélas à l'état de projet éternellement remis. Car dans la Chine de mon enfance l'eau était un danger, porteuse de maladies mortelles.

Décidément, ce retour vers mon école me mettait mal à l'aise. En plus de la chaleur, j'ai toujours considéré que la lumière du soleil anéantit les couleurs, elle me cache les nuances et je ne vois plus rien.

Impatient et agacé, je suis monté dans la voiture officielle qui nous attendait : une grosse voiture noire aux vitres arrière habillées de rideaux comme étaient celles de la limousine de mon père. Notre hôte, responsable des relations extérieures de l'École, comme on dit pudiquement, s'adressait à moi en chinois et ma femme devina vite qu'il savait parler français. Il se tortillait sur son siège, et un certain climat de méfiance s'installa. Nous ne devions pas le voir souvent pendant notre séjour. Nous nous sommes vite aperçu qu'il était redouté des élèves et tenu à l'écart. Moi, j'ai essayé d'être aimable; Françoise, s'adressant toujours à lui en français, ne lui a parlé que... de la pluie et du beau temps.

Ce voyage m'a beaucoup pesé car ce fut un mois et demi de travail acharné. Je n'ai pas cherché à faire école, seulement à faire voir autrement, à restituer à chacun la confiance que celui ou celle qui veut peindre doit porter inlassablement en lui, malgré les malheurs, la maladie qui guette, la mort des amis, le vieillissement du corps qui retire cruellement le goût de l'effort, le désir de se remettre en question, de chercher, d'oser.

Je connais toutes ces difficultés par cœur. Mais lorsque le matin je rentre dans mon atelier, malgré une lumière grise et triste, le tableau que j'ai laissé inachevé sur le chevalet ou posé à même le sol me redonne la force de reprendre mes pinceaux. Si la couleur a eu le temps de sécher, je peux de nouveau essayer de recréer ces multiples vides et pleins, et traversé par le souffle du temps qu'il me reste à vivre, exprimer ce bonheur de peindre qui ne m'a jamais quitté.

Légèreté de l'espace, fusion des couleurs, turbulences des formes qui se disputent la place du vide, masses qui s'affrontent comme mes angoisses et mes peurs, silence du blanc, sérénité du bleu, désespoir du violet et de l'orange; je ne crains pas de vieillir ni de mourir car, tant que je saurai me servir d'un pinceau ou d'un tube de couleur, il ne pourra rien m'arriver. Je voudrais seulement qu'il me restât assez de temps pour faire ce dernier tableau auquel je travaille, encore plus osé, plus libre, que celui que je viens de terminer.

Cette obstination fait aussi partie de l'enseignement que j'ai voulu transmettre, car il est au moins aussi important que celui d'apprendre à peindre.

Au cours d'une de mes premières leçons, un élève m'a demandé:

— Pouvez-nous montrer comment on peint?

J'ai répondu:

— Je ne sais pas montrer. Je sais seulement peindre.

«Barbouiller», comme on dit en français, comme je l'explique à mes amis, à Paris, sans avoir peur, en toute liberté.

Je ne cherche pas à montrer comment je suis devenu peintre, mais à raconter, simplement, ce que j'ai vécu, toujours poussé par l'unique nécessité de me retrouver dans le silence de mon atelier devant une toile vierge, avec un pinceau et des couleurs.

Je savais, en quittant Paris pour un mois, que ce voyage serait dur, car je ne pourrais pas peindre pour moi. Quitter mon atelier plus de dix jours a toujours été douloureux. Loin de mon chevalet et de mes couleurs, tout m'irrite, la lumière du jour, les couleurs de la nature, les formes des maisons.

Je dois revenir absolument dans ce lieu qui n'a rien de bien agréable, car il ressemble plus à un cube de béton, sans ouverture sur l'extérieur, qu'à un espace privilégié d'agrément et de confort. Mais je sais que là, rien ne vient m'importuner, me distraire de mon obsession : peindre. Là, enfin, je respire de nouveau légèrement et me sens heureux.

J'ai aperçu les côtes de France le 1er avril 1948. J'ai débarqué à Marseille après trente-six jours de bateau. J'avais attendu deux ans mon passeport chinois et le visa délivré par le consulat de France à Shanghai. J'ai quitté précisément la Chine le 26 février et n'y suis retourné qu'en mars 1972: la Révolution culturelle s'achevait.

Après le visa, j'ai dû attendre un bateau: les départs pour l'Europe étaient rares. Il s'appelait le *André Lebon*. C'était un vieux paquebot. Mon professeur Lin Feng-Ming était venu en France en 1913 par le même moyen, pour revenir en Chine en 1924.

Les autorités chinoises m'ont dit: «Si vous allez en France pour faire des études, vous pouvez emporter des devises.» Mais je devais me débrouiller pour me les procurer. Il y avait bien sûr le marché noir et le dollar était très cher. Mon père m'a donné trente mille dollars. «Tu vas aller en France, m'a-t-il dit, pendant deux ans pour "te dorer".» Se dorer, cela veut dire que l'on va à l'étranger pour faire des études, sinon on ne peut pas devenir professeur à l'université et on reste toute sa vie lecteur.

Il fait froid et très beau ce matin à Shanghai comme il le fera le jour de mon arrivée à Marseille. Toute la famille est venue m'accompagner sur le quai: mon père, ma mère, mes trois sœurs et mes deux frères, mes tantes, mes oncles, Jia-Ling, le fils que j'ai eu avec Lalan, ma première épouse, qui m'accompagne. Sur l'insistance de mes parents, nous ne l'avons pas emmené car nous comptions revenir deux ans plus tard. Son grand-père et sa grand-mère ont préféré le garder avec eux. Je me souviens que toute la famille était habillé à l'occidentale : les hommes en manteau et chapeau mou, les femmes coiffées à la Lauren Bacall, avec talons plats et gants de cuir. Jia-Ling se tortillait dans tous les sens dans les bras de sa mère, tout en restant étonnamment muet.

Je partais dans un pays dont je ne connaissais ni la langue ni les usages, et personne ne m'attendait. Mon père m'a remis les titres de transport. On a posé pour la photo. Nous nous sommes embarqués avec très peu de bagages, ne contenant que quelques vêtements.

Mon ambition était d'aller à Paris pour mieux connaître la peinture et l'étudier. Le reste n'avait pas beaucoup d'importance.

Quarante ans plus tard, je suis retourné sur ce quai de Shanghai, exactement au même endroit où la photo fut prise. J'étais avec Françoise, ma femme ; elle voulait, disait-elle, voir le fleuve, le quai, le trafic, tout ce que la photo prise le jour de mon départ évoquait pour elle. Elle a longuement insisté pour que nous fassions ensemble cette promenade. Nous sommes passés devant un square situé juste en face du fleuve. En rentrant, j'ai eu une hésitation puis nous nous sommes assis sur un banc. C'était au mois de juillet — il faisait très chaud —, une fin d'après-midi ; chacun était pressé de rentrer chez soi car la pluie allait arriver : on sentait qu'elle serait très violente. J'ai tiré Françoise par le bras et lui ai dit :

— Allons-nous en. J'ai trop chaud. Revenons à l'hôtel, ce jardin m'ennuie.

Mais elle a de nouveau insisté. J'étais ému, dans l'impossibilité d'articuler un mot. Françoise a senti mon désarroi, elle a pris ma main et proposé de partir comme je le souhaitais.

Alors je me suis décidé à lui dire qu'au moment de mon départ, lorsque je me suis embarqué, j'étais passé devant ce petit square. Il était déjà là et sur la grille il y avait un écriteau portant cette phrase :

Chiens et Chinois interdits.

Nous étions dans une concession britannique.

Le *André Lebon* portait pavillon français. Nous avons fait cinq escales : la première était naturellement Hongkong. Nous y sommes restés deux jours. Nous avons mis le cap sur

Saigon où nous n'avons pu descendre à cause des attentats. Puis, ce furent Colombo, Djibouti et Port-Saïd, où sévissait une épidémie de choléra. Djibouti était désert, il n'y avait rien à faire si ce n'est acheter du café, car on disait qu'il était rationné en France.

Le bateau, avec ses trois cheminées, était très vieux. Les jours de pluies, il était inondé de toutes parts. Nous n'avions pas de cabine individuelle, car nous étions en deuxième classe. Hommes et femmes étaient séparés — par groupes de six. On se retrouvait au restaurant : la salle était immense et l'on servait de la cuisine française en abondance. Je n'avais jamais mangé de cuisine occidentale, encore moins de française. Je connaissais seulement la cuisine russe, faite par des émigrés à Shanghai. La légende des Chinois et des artichauts est vraie ! Je n'en avais jamais vu et ne savais par quel bout les manger...

La majorité des passagers était composée d'Européens. La trentaine de Chinois qui se trouvaient là venaient en France pour étudier la musique ou les sciences. Je me souviens qu'à partir de Colombo je montais souvent sur le pont pour voir la mer, les poissons volants, les requins qui nous suivaient lorsqu'on se débarrassait des détritus. Il n'y avait rien d'autre à faire. J'ai conservé de ce voyage le sentiment d'un très grand ennui : le paysage me paraissait chaque jour identique. Je n'ai jamais éprouvé une grande passion pour la mer: elle a longtemps été pour moi synonyme de l'envahissement de la Chine par les étrangers, ce dont il fallait se défendre. Je ne suis pas non plus sensible à cette notion d'infini que les poètes occidentaux ont si souvent évoquée. Je préfère la surface presque immobile des lacs, qui dissimule le mystère et fait naître l'infinie variété des couleurs.

Lors de cette traversée je n'ai rencontré personne dont je me souvienne et parmi les passagers je n'en ai revu aucun — les Chinois ne fréquentaient pas les Européens, nous ne parlions pas la même langue.

Seuls quelques prêtres peut-être nous comprenaient.

Pendant toute la traversée, le temps fut effroyable. Le restaurant était fréquemment vide car les passagers avaient le mal de mer; j'y étais souvent seul. Les serveurs étaient furieux, mais j'y restais, parce que je m'ennuyais.

Nous sommes enfin arrivés. Un vieux Chinois m'attendait: en me saluant, il me dit qu'un certain M. Wong lui avait demandé de venir m'accueillir. En Chine c'est toujours ainsi, quelqu'un vient toujours attendre quelqu'un, même si ce n'est pas prévu. Cet homme parlait le français — il venait chercher de la marchandise pour son restaurant à Paris. Je me souviens encore qu'il faisait un temps très beau et sec. Je n'ai pas eu le temps de voir le port. Nous sommes partis tout de suite vers la gare. Nous avons voyagé toute la nuit assis et somme arrivés le lendemain matin gare de Lyon.

C'était un 1er avril.

Mon compagnon a décidé que nous irions au Quartier latin. Je tournais la tête à droite et à gauche, j'étais perdu, je disais: «Le Quartier latin est-il loin de Montparnasse?»

Je connaissais le mot «Montparnasse» et je voulais y habiter parce qu'on m'avait dit qu'il était le quartier des artistes. Il était hors de question d'aller ailleurs. Le chauffeur de taxi m'y a conduit, disant qu'il y avait beaucoup d'étudiants. J'ai cherché un hôtel. Il était à mon goût trop cher: la nuit coûtait six francs. Trois jours plus tard, j'ai déménagé. Je connaissais «La Grande Chaumière» qui était souvent évoquée dans les revues d'art françaises. J'ai cherché un hôtel situé à côté de cette rue et me suis installé rue Delambre. J'avais une jolie chambre avec douche; j'y suis resté très longtemps et je n'ai plus jamais quitté Montparnasse.

Mon premier souci fut d'apprendre la langue. Je savais que le mieux était d'aller à l'Alliance française. Pendant trois mois, j'ai pris des leçons journalières. Je parlais déjà anglais et ce ne fut pas réellement difficile, malgré quelques ennuis avec le féminin et le masculin. En chinois, les genres n'existent pas, sauf pour les mots «homme» et «femme». Cette différenciation est toujours restée pour moi un mystère malgré quarante ans de pratique. Il m'arrive souvent de déclencher l'hilarité car je continue de me tromper.

J'ai renoncé depuis à chercher à comprendre.

L'après-midi de mon installation à l'hôtel, je suis allé au Louvre. Le deuxième jour j'ai acheté un poste de radio pour écouter de la musique.

Je parlais peu français. Je ne regardais pas les femmes non plus. Je ne me suis jamais habitué en France à l'insistance des regards échangés entre les hommes et les femmes; en Chine, je ne passais pas pour un timide aux yeux de mes camarades, mais j'ai été frappé, en arrivant à Paris, par l'effronterie du regard des femmes. Elles m'ont fait beaucoup rougir et il m'arrive encore de baisser les yeux.

De mes souvenirs d'enfance, en dehors de mes parents, il ne me reste qu'une seule image: celle de faire des taches, de peindre. Ce désir ne m'a jamais quitté. Mais, dans ma mémoire la plus lointaine, elle est associée à celle de lutter contre ce que je voyais, enfant, quotidiennement, de l'art chinois, ce que l'on appelle à juste titre, en France, les chinoiseries.

A mes yeux, la peinture chinoise a cessé d'être créatrice dès le XVIe siècle. A partir de cette date, les peintres n'ont fait que recopier ce que la grande tradition Han et Song avait inventé. L'art chinois est devenu un ensemble de recettes de fabrication, le beau étant confondu avec le savoir-faire. Les gestes de la main et les mouvements du pinceau se sont codifiés. Il n'y a plus eu place pour l'imagination et l'inattendu.

Dès l'enfance, j'ai vécu cette tradition comme un carcan dont je devais me débarrasser. La nécessité de quitter la Chine pour venir m'installer en France a été le premier geste chirurgical pratiqué sur ma propre culture pour commencer à régler définitivement ce problème.

Je sentais que c'était ça ou mourir.

Il n'y avait pas d'autre alternative.

A cinq ans, je barbouillais de peinture des assiettes de porcelaine de l'époque Tching (XVIIIe siècle) de la vaisselle dans laquelle nous mangions, retouchais les reproductions dans les ouvrages de peinture, au grand mécontentement de ma mère. Cette peinture m'irritait au point de me mettre en colère. Maintenant, elle m'amuse tant je la trouve dérisoire.

Seuls trouvaient grâce à mes yeux les titres en gros caractères dans les journaux, les petits dessins style bande dessinée ou les signes tracés par mon père ou mon grand-père sur des dossiers. Je passais des heures à faire des découpages et à coller sur des feuilles de papier ces figures que je ne savais pas encore lire mais qui m'intéressaient mille fois plus que les bambous ou les paysages reproduits dans les livres que je jugeais trop parfaits et ennuyeux.

J'ai pris en horreur la représentation de la nature, et il m'arrive encore lorsqu'on me parle, à propos de mon travail, de l'évocation d'un paysage, d'éprouver un violent sentiment d'incompréhension même si l'interlocuteur a toute ma confiance et mon amitié.

Pourtant, je sais que c'est parfois vrai.

Ce désir de peindre s'est aussi formé à travers l'éducation que ma famille m'a donnée, puis il s'est nourri de l'enseignement que j'ai reçu à l'École des beaux-arts. C'est à Paris qu'il s'est épanoui et s'exprime toujours. Je peins chaque jour quoi qu'il arrive, car finalement, je le dis souvent en plaisantant, que je ne sais rien faire d'autre...

Je fus admis à l'École des beaux-arts de Hang-Tcheou en 1935, je n'avais alors que quatorze ans.

Mes parents habitaient Shanghai et Hang-Tcheou n'en était éloigné que de trois cents kilomètres.

L'école avait la réputation d'être la plus moderne de Chine.

Certains bâtiments de l'école se trouvaient sur les bords même du lac de l'Ouest.

C'est un lieu où tous les poètes chinois sont venus se recueillir. Chaque jour de mon adolescence, j'en ai parcouru des milliers de fois les rives à pied, sans jamais me lasser, absorbé par le spectacle d'une nature perpétuellement changeante selon les heures de la journée et l'alternance des saisons. J'étais fasciné par la multiplicité de l'espace à la surface de l'eau, la légèreté de la lumière ou son épaisseur entre le lac et le ciel. J'ai guetté pendant des heures le passage de l'air sur le calme de l'eau, le souffle du vent qui agite les feuilles des bouleaux et des érables. Il n'y avait, dans ma vision de cet univers, ni pont tarabiscoté, bien qu'il existât, ni feuilles de bambous se détachant nettement sur un fond clair. Ce que je cherchais à voir c'était l'espace, ses étirements et ses contorsions, et l'infinie complexité d'un bleu dans le minuscule reflet d'une feuille sur l'eau.

Je me posais toujours les mêmes questions:

comment représenter le vent? comment peindre le vide? et la lumière, sa clarté, sa pureté? Je ne voulais pas représenter mais juxtaposer des formes, les assembler pour qu'on y retrouvât le souffle de l'air sur le calme de l'eau.

J'étais convaincu que ce qu'on m'apprenait ne me servait à rien. Et pourtant il fallait bien en passer par là car je me sentais gauche et inexpérimenté.

C'est au contact de cette nature que j'ai petit à petit compris ce que je voulais exprimer, mais je restais obsédé par l'idée que je ne voulais pas la reproduire, ni même la représenter comme me l'inculquait mon éducation.

Un proverbe célèbre dans toute la Chine dit: «Au ciel il y a le Paradis, sur terre il y a Hang-Tcheou.»

C'est le tour obligé de millions de touristes chinois qui piétinent les berges du lac, en se tenant, pour les plus audacieux, par la main, bien que les soirs de pleine lune il doive bien s'y passer autre chose. Les amoureux s'y prêtent serment, les paysans viennent y respirer l'air de la ville toute proche: on s'y sent en harmonie avec le reste du monde, le comble du bonheur pour l'âme chinoise. C'est le lieu, par excellence, de la Chine millénaire avec son immuable convention de la vision des choses — et ses sentiments fleur bleue pour les Occidentaux qui n'en perçoivent que l'aspect simplifié. Il leur échappe ce que nous recherchons : le sentiment de l'accord entre soi, l'autre et le monde. Il n'y a pas de bonheur plus grand que de le partager, au risque de se ressembler.

Et gare à celui qui cherche à se différencier !

Passé les premières heures d'installation, nous sommes aussi allés, Françoise et moi, nous promener sur le bord du lac. J'ai recherché la maison où j'avais vécu. Gardée par des policiers, elle est habitée maintenant par le préfet de la région. J'ai pu en faire le tour, visiter les jardins. Le directeur de l'école m'a proposé de faire les démarches pour qu'elle me soit restituée. Mais à quoi bon ? Ma vie est en France. Que pouvais-je espérer de ce retour à un passé dont je n'ai pas la nostalgie. Ce que je veux c'est utiliser au mieux les années qui me restent à vivre pour peindre, mieux peindre, faire de nouveaux tableaux, oser de nouvelles couleurs, faire naître de nouveaux espaces, inventer de la légèreté.

Très tôt, j'étais encore élève au lycée, je me suis ouvert à mon père de mon désir d'entrer à l'École des beaux-arts : il m'a tout de suite encouragé. Ma mère y était opposée, elle voulait que je sois banquier.

Il fut décidé que je me présenterais au concours d'entrée. Les épreuves consistaient en l'exécution d'un dessin ou d'un fusain d'après un plâtre grec, d'une aquarelle et d'une interrogation d'histoire de l'art.

J'ai été reçu, et suis venu m'installer à Hang-Tcheou. Mon père m'a accompagné, c'était la première fois qu'il voyageait avec moi. Il était grand connaisseur de peinture: comme collectionneur, et comme peintre amateur. Il peignait pour son plaisir et regrettait en riant de ne pas en avoir fait son métier. Il lui était agréable de se rendre à Hang-Tcheou en septembre; l'atmosphère était très douce malgré une certaine chaleur, et la nature éclatante, juste avant l'arrivée de l'automne.

Mes années d'apprentissage furent consacrée à l'acquisition de la technique du dessin et de la peinture. J'allais à l'école tous les jours, même le dimanche.

Nous avions le choix entre la peinture occidentale, la peinture traditionnelle chinoise, la sculpture et l'art décoratif.

J'ai opté pour la peinture occidentale.

Je dessinais de huit heures à midi. L'après-midi, deux fois par semaine, il y avait aussi des cours de peinture traditionnelle chinoise, d'aquarelle, d'histoire de la peinture occidentale, de perspective, d'anatomie et de langues étrangères. J'ai choisi l'anglais.

L'école n'avait que dix ans d'existence mais elle méritait réellement sa réputation de modernité, notamment par rapport à celle de Pékin. Lin Feng-Ming, mon directeur, nous parlait des Impressionnistes et les défendait.

Mon seul désir était d'être peintre et je ne me préoccupais pas du reste des études, laborieuses, excepté l'histoire de l'art. Après la fermeture de l'école, l'après-midi, avec quelques camarades, nous entrions dans la classe par une fenêtre restée entrouverte et nous travaillions sans relâche. Notre professeur Wu Ta-Yu nous comprenait. Il a maintenant quatre-vingt-quatre ans et je ne manque jamais de lui rendre visite, quand je me trouve à Shanghai.

Au cours de cette scolarité — elle dura six ans —, nous faisions trois ans de dessin, deux ans de plâtre, un an de modèle vivant, et à partir de la quatrième année de la peinture.

J'ai commencé seul à travailler la peinture à l'huile. Je voulais tout savoir.

L'enseignement était traditionnel, aussi bien pour la peinture occidentale que pour la peinture chinoise. Les professeurs avaient fait leurs études à l'Académie royale de Bruxelles ou à l'École des beaux-arts de Paris, dont Luc Simon était directeur. Leur vision était celle de

Meissonnier et de Puvis de Chavannes. Je me sentais loin de ce qu'ils représentaient.

J'avais l'impression de peindre de fausses tragédies, le plus souvent dans un climat noir et gris.

J'avais envie de la clarté des Impressionnistes et de leur légèreté.

Lin Feng-Ming m'a encouragé à remettre en cause cette tradition et réconforté lorsque je voulais penser autrement, voir différemment. Il m'a protégé aussi contre l'animosité. Confusément, je cherchais à rendre ce que je peignais beaucoup plus vivant, plus réel, et j'avais le sentiment que ce qu'on m'apprenait s'enferrait dans une tradition victime de son passé.

La vie à l'École des beaux-arts était très insouciante: on riait beaucoup, on racontait des histoires, on courait les filles. On les emmenait se promener au bord du lac, mais sans les tenir par la main. Les rapports étaient très distants. On ne voyait pas les corps des femmes cachés sous leurs vêtements, on était amoureux en silence, sans rien exprimer ni par les mots ni par les gestes. Celui qui embrassait une jeune fille était presque obligé de l'épouser. Je portais une casquette de matelot et nous fumions des cigarettes. Nous habitions à plusieurs dans une seule chambre. Le grand chic c'était de lire des livres ou des revues venues de l'étranger: *Time-Life, Vogue*. C'est là que j'ai découvert des œuvres de Cézanne, Matisse et Picasso.

L'invasion japonaise a tout interrompu: l'école a dû déménager et je l'ai suivie. Élèves et professeurs ont pris pinceaux et papiers, et la direction a décidé que nous irions nous installer à Ch'ung-king, centre de la Chine libre. Ce fut un long voyage. Tout le monde n'est pas parti. Certains ont abandonné. Pour continuer, il fallait beaucoup de courage. Nous arrivions dans une ville, nous nous installions dans les écoles, nous peignions des paysages, nous faisions de l'aquarelle puis nous repartions. Il y avait toujours un modèle qui acceptait de poser. Nous étions six par chambre. Lorsque nous ne trouvions pas d'appartements à louer, nous logions chez l'habitant. On a déménagé, quatre, cinq, six fois. Puis, définitivement, nous nous sommes fixés à Ch'ung-king.

J'ai terminé mes études en 1940. J'avais vingt ans. Je vivais avec Lalan. Nous nous étions mariés. Elle avait seize ans, et moi, dix-sept.

Le temps de mon adolescence fut celui où l'histoire de la Chine a basculé. J'ai vécu l'évolution de mon pays mais j'ai davantage

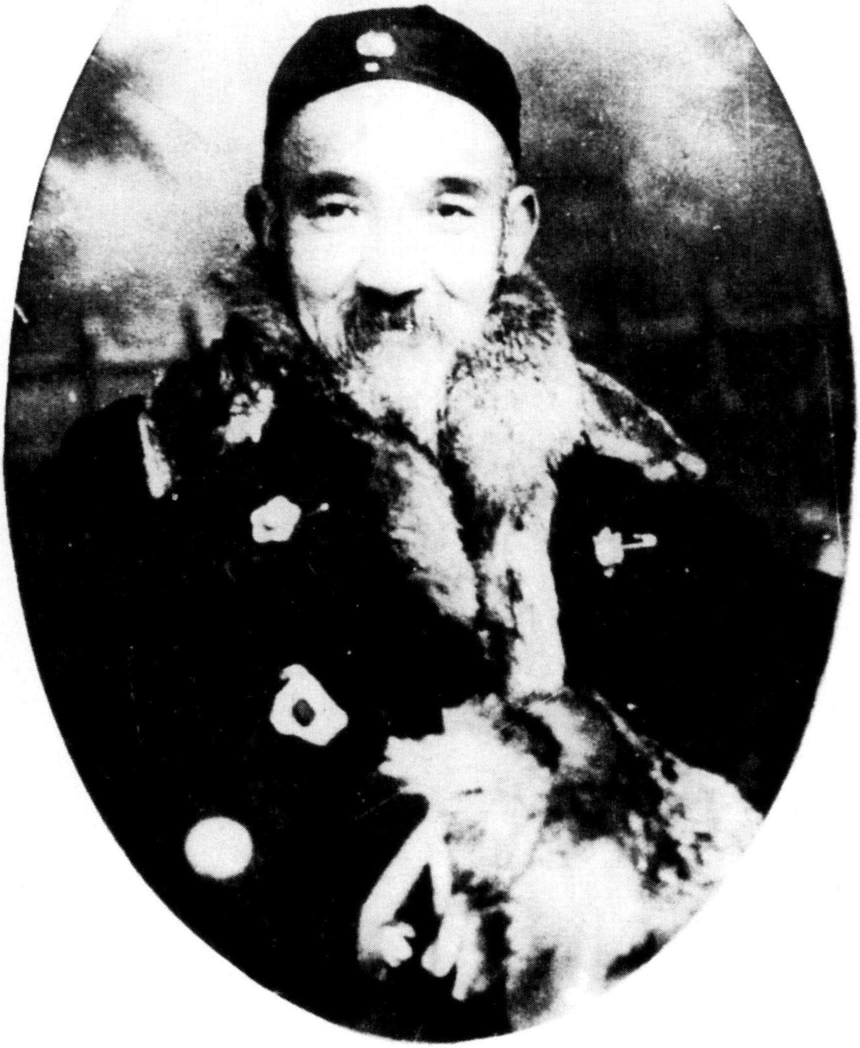

Mon grand-père paternel, vers 1925. *(Droits réservés)*

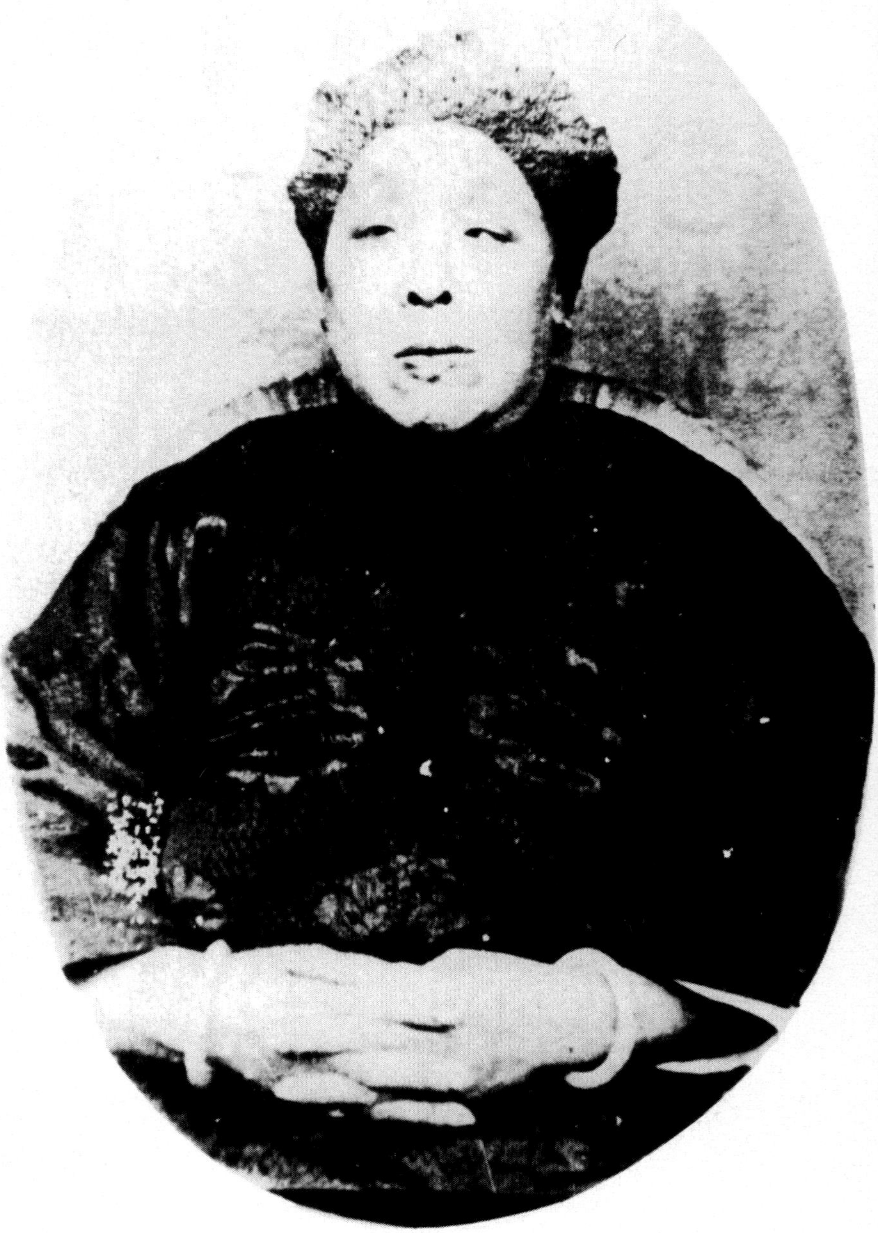

Ma grand-mère paternelle, vers 1925. *(Droits réservés)*

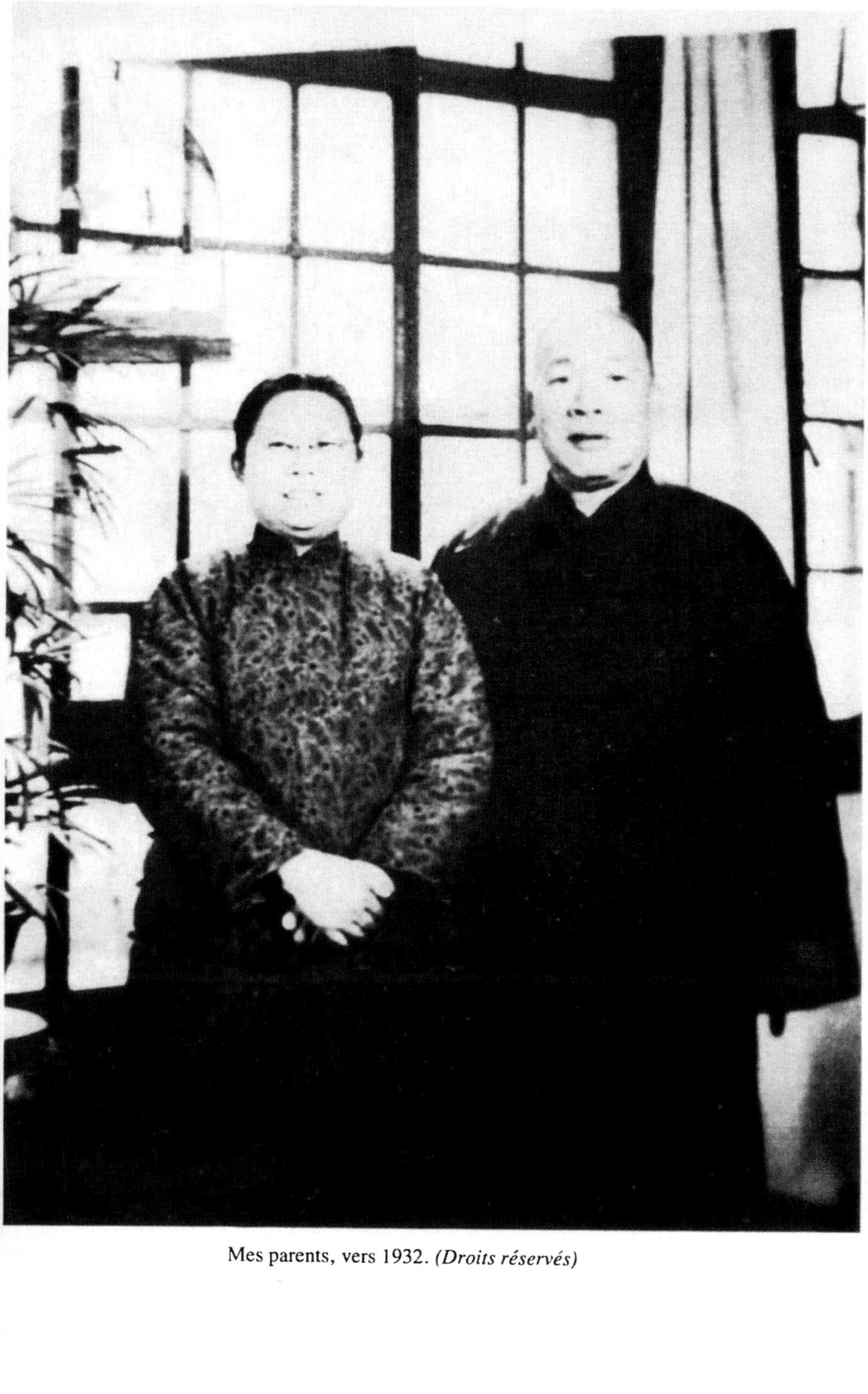

Mes parents, vers 1932. *(Droits réservés)*

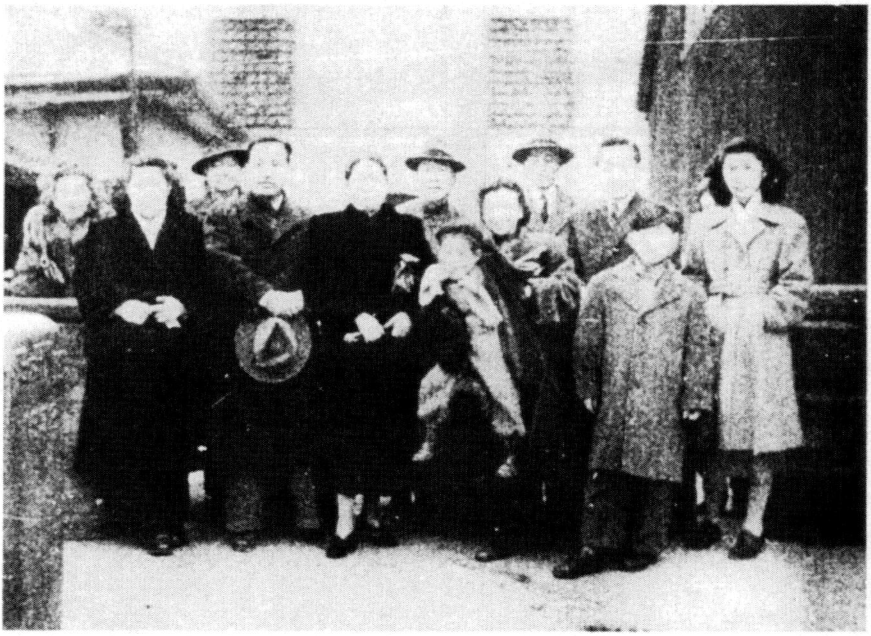

La famille le jour de mon départ de Shanghai pour Paris, 23 février 1948. *(Droits réservés)*

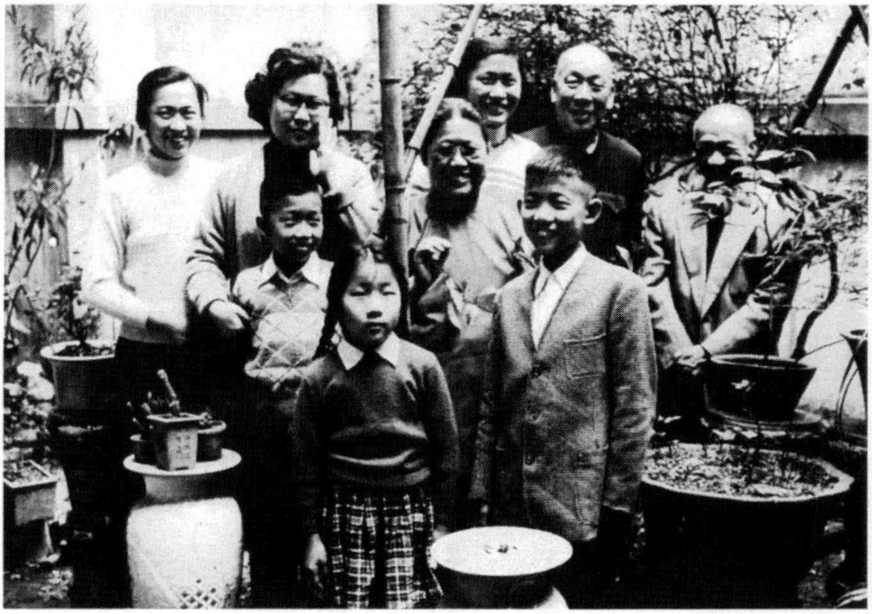

Ma famille, dans les années 50, avec Lin Feng-Ming. *(Photo Agnès Varda)*

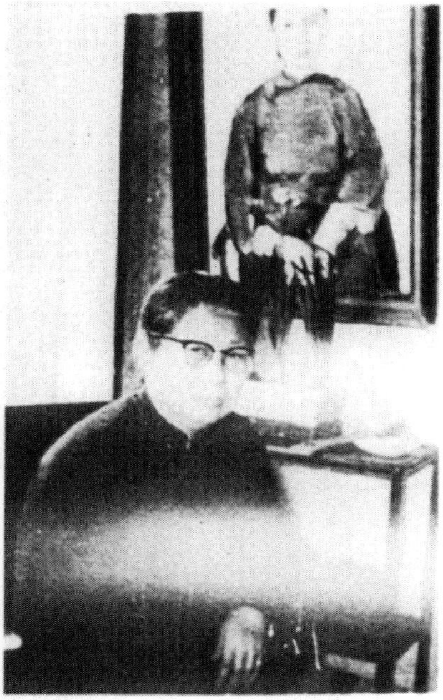

1936, ma mère devant l'un de mes premiers tableaux. *(Droits réservés)*

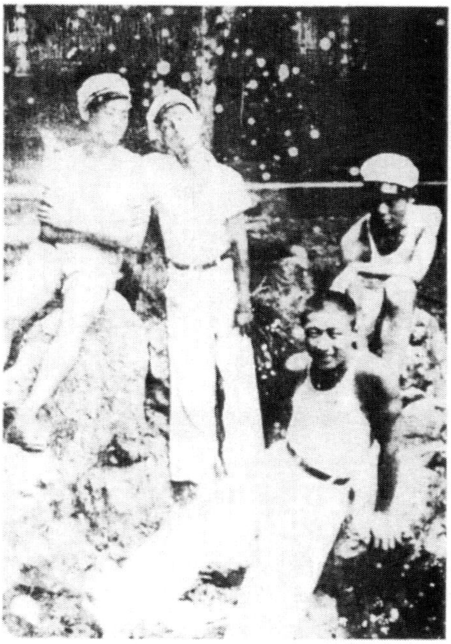

1935, à l'école des Beaux-Arts de Hang-Tcheou. *(Droits réservés)*

Vers 1940, mon père, mon frère, Lalan et moi. *(Droits réservés)*

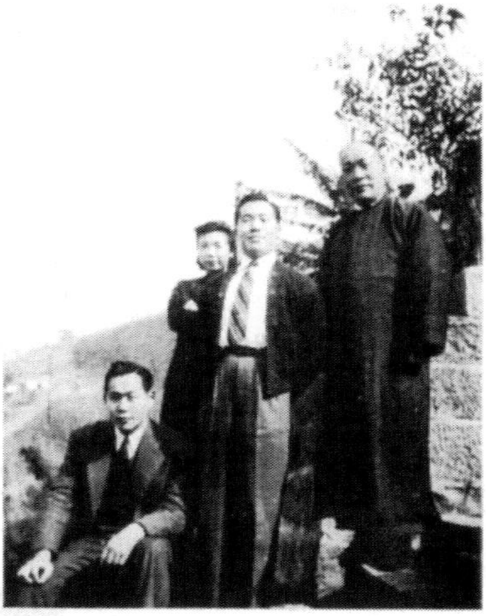

1930, la maison familiale de Shanghai, dans le quartier nouvelle Chine. *(Droits réservés)*

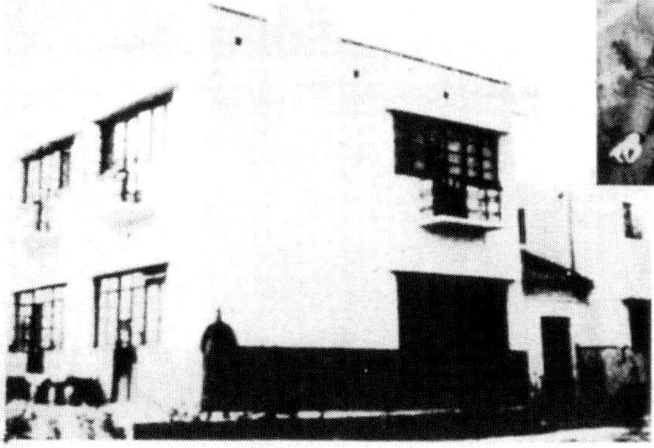

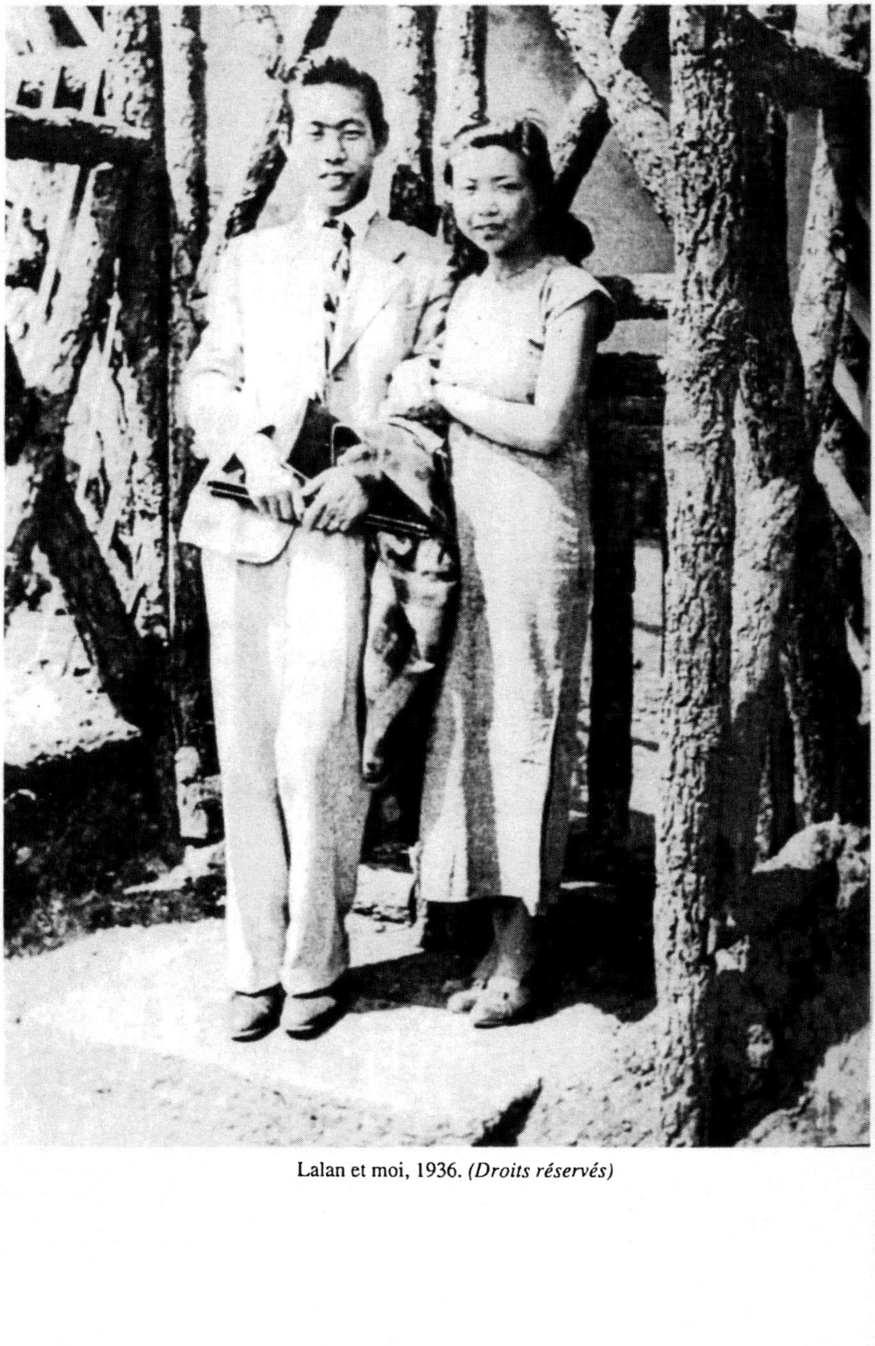

Lalan et moi, 1936. *(Droits réservés)*

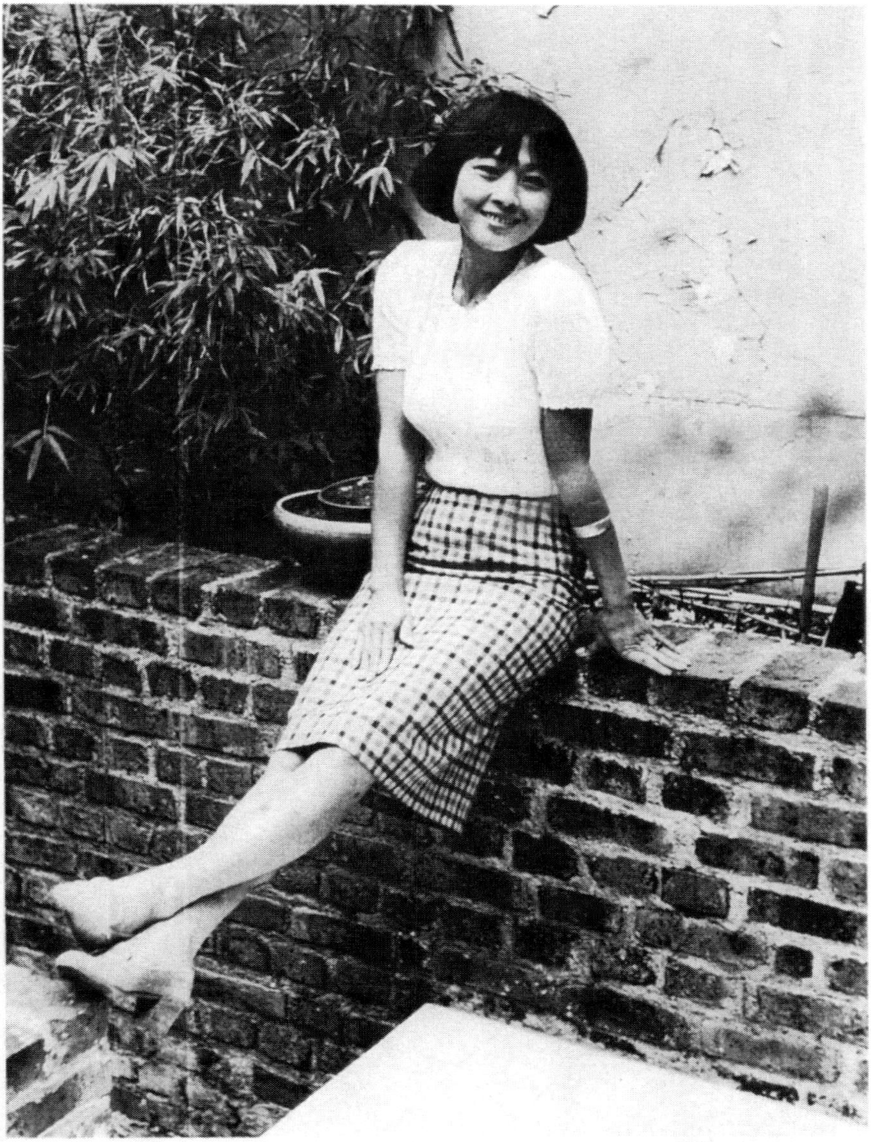

May, vers 1960. *(Droits réservés)*

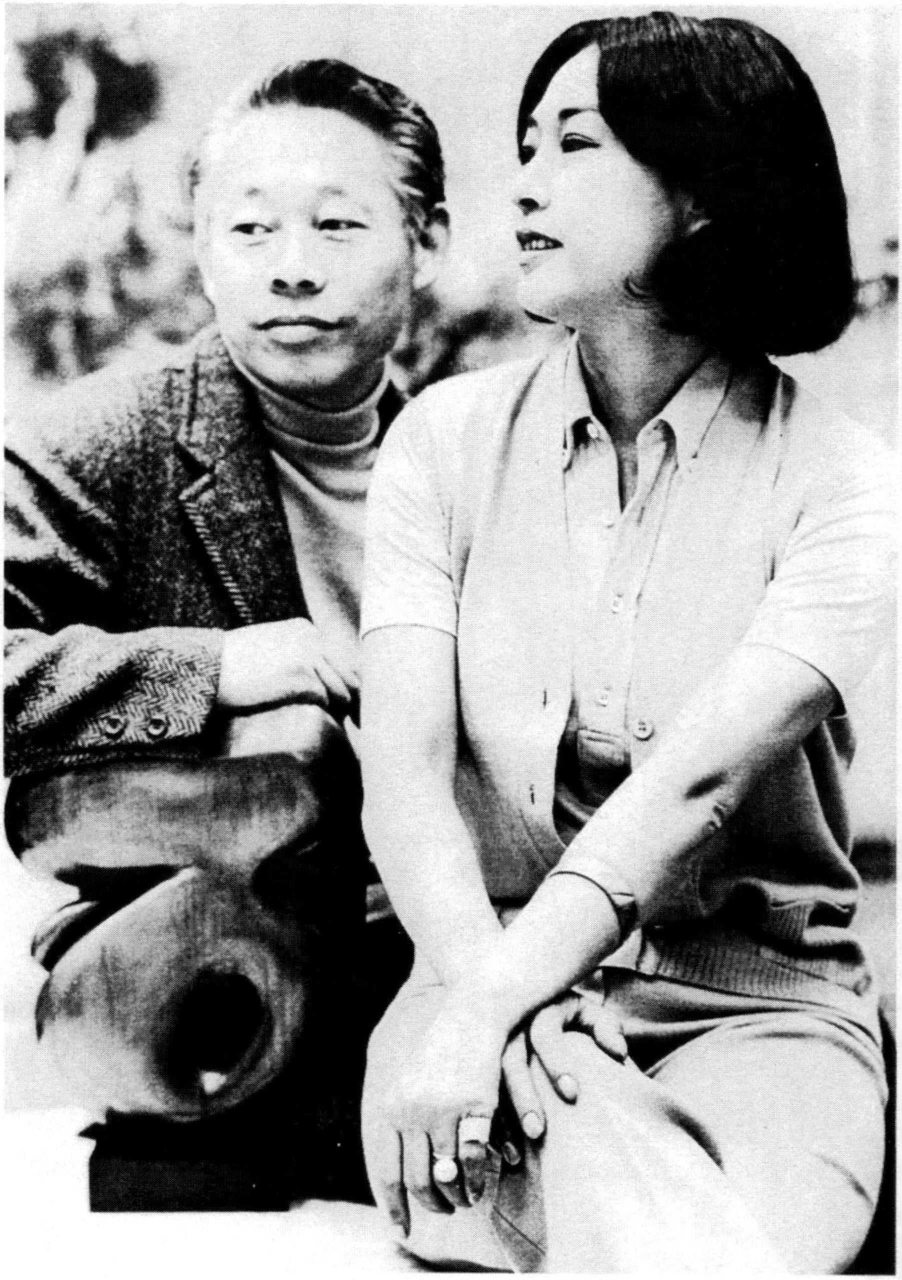

May et moi, début 1972. *(Photo Budd)*

été ballotté par les événements que réellement impliqué dans leur succession.

Mes anciens camarades de l'École des beaux-arts disent toujours de moi: «Wou-Ki a eu beaucoup de chance parce qu'il n'a jamais arrêté, il a toujours peint.» Lorsque je suis retourné en Chine, après ces vingt-quatre ans d'absence, je les ai tous revus. Certains auraient aimé venir en Europe comme moi, en 1948, mais ils n'en avaient pas les moyens. Étaient-ils poussés par la même nécessité? Probablement. Il est cependant bien difficile de répondre à cette question.

Pour moi, il n'y avait pas d'autre solution que de partir. Je voulais peindre *autrement*. Ici, j'étais persuadé que ce n'était pas possible.

Politiquement la situation était claire. Tchang Kaï-Chek devait être battu par les communistes, j'attendais la victoire. Toute ma famille, très riche, était scandalisée par la corruption du régime et nous pensions tous que Mao Tsé-tung apporterait la prospérité et mettrait à la porte les étrangers qui nous pillaient et nous humiliaient.

Bien que mon père fût un grand capitaliste, il croyait au communisme: c'est pourquoi il n'a jamais voulu quitter la Chine, même lorsque la situation est devenue insupportable. Le régime de Tchang Kaï-Chek ne nous inspirait que du mépris. Avec quelques camarades, nous franchissions le mur d'une de ses nombreuses propriétés à Hang-Tcheou, située près de l'École des beaux-arts, et allions faire nos besoins dans son parc. Une fois, nous avons enlevé la fille du consul japonais en exigeant le départ de Tchang Kaï-Chek. Au bout de trois jours, nous l'avons rendue et rien ne s'est passé. Personne, bien sûr, ne nous avait pris au sérieux.

Chaque jour, on venait arrêter des camarades et ils disparaissaient — en particulier les graveurs. Lorsque l'école a fermé, en 1947, en raison de l'invasion japonaise, elle était devenue, pour le régime, un repaire de communistes.

Notre école a fusionné avec celle de Pékin et j'ai été nommé lecteur. Je donnais trois cours par semaine et le reste du temps je rejoignais mon père et Lalan qui vivaient à C'hung-king. Lalan apprenait le chant au Conservatoire de musique.

Nous ne pouvions pas nous marier car mon grand-père venait de mourir. Notre mariage fut célébré à Hongkong car, en Chine, toute union est interdite pendant un deuil familial. Mais revenir à C'hung-king était impossible, la Chine étant toujours occupée par les Japonais. Nous sommes passés par Hanoï et, pendant un mois, avons traversé à pied la zone occupée pour fuir l'ennemi. Nous mangions très peu, marchions la nuit et nous cachions le jour. C'était extrêmement pénible. J'ai conservé de cette fuite devant l'envahisseur nippon le souvenir d'une grande angoisse. Nous avons eu un fils qui est décédé au bout d'une semaine, atteint de leucémie.

Personne ici, en France, aujourd'hui, ne peut imaginer la pauvreté de la Chine. Il n'y avait ni eau courante, ni électricité. Les brigands volaient, surveillaient les chemins, seules voies de communication entre les grandes villes, et rançonnaient les voyageurs. Les trains roulaient sur une seule voie. Il fallait attendre leur retour pour revenir. On ne trouvait rien à manger ou seulement au marché noir. Le kilo de riz valait dix fois plus le soir que le matin. Le communisme a redonné sa dignité à la Chine. C'est ce que nous attendions de lui. Après, bien longtemps après, j'ai changé d'avis. Mais sur le moment, nous avons tous cru à Mao Tsé-tung.

A la fin de mes études, je souhaitais déjà venir en Europe. Hélas, ce n'était pas envisageable. Alors, pendant six mois j'ai donné des cours à des élèves qui faisaient de la sculpture et de la peinture chinoise classique. Ils avaient choisi aussi de faire de la peinture occidentale. Ma fonction m'intéressait peu, mais j'essayais de travailler le plus possible pour moi : je peignais des portraits, je faisais des compositions, j'essayais de comprendre la peinture de Matisse, de Picasso. De Modigliani également.

Je travaillais sur chevalet, avec des couleurs fabriquées localement, de la peinture à l'huile que je bricolais. Je construisais aussi mes châssis. Je faisais beaucoup de portraits, de ma sœur, de Lalan ou de moi-même.

Je rejetais tout ce qui était chinois. J'ai gardé de cette époque des souvenirs assez confus. Pour tromper mon ennui, je travaillais. Cependant, il m'est resté de cette période une force de travail que j'ai toujours conservée. On cherche on ne sait quoi, on est perdu, on veut renouveler, on essaie toujours quelque chose. Je me souviens d'avoir essayé d'imiter Chagall, de cette époque 1920 que je trouvais très belle, et je me disais: «Pourquoi mon langage est-il si pauvre? Pourquoi n'ai-je pas d'imagination pour faire des choses aussi variées? Pourquoi suis-je si coincé dans cette tradition?» Ne connaissant que des reproductions, je n'avais jamais vu de vraie peinture à l'huile occidentale.

Lorsqu'on copie, on n'arrive pas à comprendre ce qu'il y a en soi, on ne sait pas percevoir et exprimer sa différence.

Mais le temps de ces recherches ne fut pas réellement malheureux. J'étais indifférent à ce qui se passait autour de moi car j'étais déjà ailleurs. Je ne souhaitais qu'une chose: travailler, travailler encore. Et ça ne me faisait pas de mal.

Je passais des journées entières penché sur une feuille de papier, un pinceau à la main, essayant de comprendre comment peignait Matisse, comment il articulait les couleurs, comment il organisait l'espace, pourquoi l'ensemble donnait une telle impression de fraîcheur, de légèreté, de frémissement.

Mon projet était d'acquérir une technique qui m'aurait permis de faire avec le pinceau ce que je ressentais dans mon corps, d'exprimer par le trait cet espace, cette lumière.

Ce que je voulais, c'était comprendre comment cela fonctionnait.

Chaque matin, me retrouvant devant un chevalet, j'essayais de continuer ce qui avait été fait la veille. Parfois j'étais déçu, je restais des heures assis, sans rien faire, ou au contraire je me précipitais pour poursuivre, aller plus loin.

Je n'ai pas beaucoup changé. Quand le matin je monte dans mon atelier, j'ai toujours ce même sentiment d'angoisse qui m'étreint: vais-je pouvoir continuer ou dois-je tout recommencer, tout reprendre? Le découragement me saisit parfois, mais jamais la tentation d'abandonner.

Un jour, la radio a annoncé que la guerre était terminée. Mon père a pleuré. L'école est revenue à Hang-Tcheou et j'ai annoncé à ma famille que je ne voulais plus être professeur. Je voulais aller en France. Mon père a tout de suite été d'accord, car moi le fils aîné, ayant la responsabilité de la famille, je devais obtenir son autorisation . Même si je ne devenais pas quelqu'un de connu, cela m'était égal, je voulais connaître la vraie peinture. J'aurais pu aller au Japon ou aux États-Unis comme mon frère, mais il y avait une rivalité entre nous. Alors, j'ai choisi la France.

Lorsque ma décision fut prise, j'ai de nouveau travaillé très dur, apprenant par cœur l'histoire de la peinture occidentale — jusqu'à David. Après, il n'y avait aucune information, excepté quelques brochures sur les Impressionnistes.

J'avais entendu parler de Cézanne, mais jamais des Cubistes — seulement de Picasso.

Avant de quitter la Chine, je lui ai consacré un mémoire, de cinquante à soixante pages. Pendant la Révolution culturelle, les gardes rouges sont venus chez mon père et ont tout saccagé: ils ont détruit mes anciennes peintures et probablement aussi ce mémoire. En 1983, un de mes tableaux de cette époque est passé à l'Hôtel Drouot. Comment est-il arrivé jusque-là? Je n'ai pas pu l'acheter, car je ne l'ai appris qu'après la vente.

Ainsi, de tous les camarades de l'École des beaux-arts, je suis le seul à être venu en France. Françoise s'en étonne toujours. Souvent, elle me demande comment j'explique cette nécessité qui m'a poussé à faire ce long voyage. Pour moi, c'était simple : je voulais peindre. Elle me répond que je n'étais pas le seul, que tous mes camarades peignaient et voulaient continuer.

Ma famille était très riche et mon père mettait à ma disposition une importante somme d'argent. Mais toutes ces raisons sont-elles suffisantes pour expliquer une telle décision ? Pourquoi mes amis, eux, sont-ils restés et ont-ils pu supporter le sort qu'ils ont connu ?

En 1985, nous en avons revu certains, fiers de me montrer leur travail. Que pouvais-je leur dire ? Depuis mon départ, ils n'avaient pas changé, ils essayaient toujours de peindre comme Matisse et Picasso.

II

Je suis né à Pékin, la ville où l'on parle le mandarin, la langue des lettrés. La Chine a été unifiée par son écriture et divisée par la façon dont on parle la langue. L'accent est si différent entre le Nord et le Sud que les gens du Nord (Pékin) et ceux du Sud (Canton) ne se comprennent pas. J'ai tellement voyagé que je parle sept dialectes différents.

Six mois après ma naissance, mon père et ma mère sont venus s'installer à Nan-Tung, tout près de Shanghai. Cette ville avait été choisie par ma mère pour la sévérité et la qualité de l'éducation dispensée par les écoles et les lycées. Mon père dirigeait une banque à Shanghai, ville considérée par ma mère comme un lieu de perdition, où l'on ne pensait qu'à s'amuser.

J'ai reçu de ma mère une éducation très sévère. Il fallait travailler beaucoup et avoir de bonnes notes, sinon c'était le déshonneur. Mon frère Wou-wai était son préféré; il était un élève appliqué, c'était un scientifique.

Les principes éducatifs de ma mère étaient simples : celui qui travaillait bien était un bon fils; celui qui travaillait mal était un mauvais fils. J'ai gardé d'elle, cependant, malgré sa sévérité, le souvenir d'une très grande gaieté. Elle avait beaucoup d'amis, et jouait au mah-jong. Elle était belle; à ma naissance, elle avait vingt ans.

C'était une excellente maîtresse de maison. Mon père disait qu'il ne savait pas manger le poisson à cause des arêtes, aussi le lui décortiquait-elle complètement. De même pour les crevettes.

Lorsque mon père l'a rencontrée, elle ne savait pas lire, car c'était une qualité pour une femme de ne pas avoir d'instruction; elle pouvait ainsi se consacrer uniquement à sa famille. Plus tard elle a appris à lire et à écrire avec celui qui fut mon éducateur préféré, mon grand-père paternel.

Ce grand-père est resté pour moi le symbole de la Chine des mandarins. Lettré du dernier Empire des Ch'ing, habillé en costume traditionnel, portant une robe et un chapeau, la barbiche taillée en pointe, assez longue, il était couvert de colliers de jade et de bagues. Il vivait avec nous, restant à la maison, collectionnant les encriers et les tableaux. D'un caractère capricieux et fantasque, il était réfractaire à toute discipline. Cependant il avait réussi avec succès tous les examens du système de l'Empire et avait la réputation d'un grand intellectuel.

Mon père étant absent, mon grand-père était le seul homme de la famille et sa fonction était de nous éduquer. J'ai appris à lire et à écrire les mots en même temps que j'ai appris à tracer des signes. Ainsi, lorsque je suis entré à l'école, je savais déjà lire et manier le pinceau. J'ai été son petit-fils préféré car j'étais passionné par ce qu'il me fit découvrir.

Pour m'apprendre à lire et à écrire, il tracera inlassablement sur les objets des caractères signifiant ces objets. Ce qui fut pour d'autres un difficile et long apprentissage fut pour moi un jeu.

C'est ainsi que j'appris à dessiner les signes en même temps que j'appris à les lire. Tracer ces formes m'amusait et j'éprouvais une sorte de ravissement dans l'accomplissement de ces gestes qui ressemblaient, à mes yeux, plus à du barbouillage qu'à une étude contraignante de signes dont la finalité était leur sens. Je garde de ces moments de ma vie le souvenir du bonheur dans l'insouciance, du goût du jet de l'écriture qui me donnait accès au monde des adultes. Cette facilité m'attirait des compliments dont je tirais une grande vanité.

Si l'apprentissage de la calligraphie exigeait une grande rigueur, il n'en est pas moins vrai qu'elle fut une source de plaisir, sous le regard d'un homme généreux et drôle qui ne transigeait pas sur la beauté des caractères.

Ainsi j'appris à déchiffrer les signes en même temps que j'appris à manier le pinceau et l'encre. L'un des premiers mots que je découvris fut *pastèque*. Mon grand-père dessinait sur ce fruit, gourmandise des enfants chinois laissé à leur disposition sur la table les jours de grande chaleur, des zigzags bruns et verts qui se traversaient dans tous les sens. J'étais très impressionné par ces gribouillis. Ils ne représentaient rien et pourtant ils devaient être exécutés avec beaucoup d'adresse et d'application.

La journée se déroulait immuablement de la même façon ; après avoir été réveillé et habillé par la nourrice, toute la famille prenait son petit déjeuner. Mon grand-père présidait et nous mangions la soupe de riz. Puis, pendant deux heures, il nous apprenait à lire. A six ans je me débrouillais très bien. J'apprenais par cœur, sous sa surveillance, les poèmes des époques Tang et Song et surtout Confucius. Apprendre par cœur et citer sans comprendre : cette méthode, traditionnelle, était censée imprimer les textes dans le cerveau, l'appréciation viendrait plus tard, disait-il. J'ai gardé le souvenir d'une grande difficulté à m'intéresser à des textes codifiés et dont le sens, bien que les signes fussent identiques, était différent de l'écriture contemporaine. Depuis une dizaine d'années, de nombreux intellectuels étaient partisans d'écrire comme l'on parlait, en opposition à cette littérature classique qu'ils jugeaient réservée à la classe des lettrés. Mon grand-père faisait partie de cette classe et je devais me plier à ces exercices.

Cette éducation, stricte et protégée, qui s'est prolongée jusqu'à l'entrée à l'École des beaux-arts, m'a laissé le goût de continuer à chercher, jusqu'à l'épuisement. Il m'arrive aujourd'hui encore de rester des heures entières devant un tableau inachevé, comme je suis resté penché, dans mon enfance, sur ces poésies auxquelles je ne comprenais rien et dont le sens ne m'apparut que bien plus tard. Lorsque je peins je le fais dans l'effort et en même temps j'éprouve un immense plaisir, une sorte de jubilation, comme lorsque j'apprenais à écrire.

Tension, plaisir, aveuglement des yeux écarquillés de fatigue, découverte d'un espace qui s'organise, qui prend corps et devient ce que j'essaie d'exprimer, ce sentiment d'avoir en m'amusant créé quelque chose qui a un sens, si absent de ces première taches barbouillées sur une surface blanche comme jadis... sur une pastèque ou une assiette de porcelaine.

Ainsi, chaque jour, depuis plus de cinquante ans, je m'adonne à ces gestes, devenus un rite qui m'ouvre les allées d'un autre monde où j'essaie de mettre de l'ordre, avec certains jours la facilité du gribouillage, d'autres l'ingratitude d'un sens qui m'échappe devant mes yeux qui ne voient plus rien, si ce n'est le cahot insensé ou la recette mille fois appliquée d'une croûte dont l'idée même me fait horreur.

III

A cette passion de faire des taches, s'associe dans ma mémoire le sentiment d'une grande insécurité physique. Tous mes ateliers sont des boîtes, sans ouverture sur l'extérieur.

J'ai besoin, pour peindre, de me sentir protégé du monde extérieur, quel qu'il soit.

La Chine de mon enfance fut celle des seigneurs de la guerre.

Campagnes, villes et provinces étaient aux mains de bandits qui se baptisaient généraux et se partageaient le pays en territoires. Prélevant des impôts sur l'année en cours, celles antérieures et à venir, pillant, se battant, ils entretenaient un climat de grande confusion. Il était difficile de traverser la ville pour aller à l'école car les moyens de communication étaient quasi inexistants.

C'est de Shanghai que partira la révolte contre cet état de fait, contre la misère, le brigandage et la présence des étrangers, en particulier contre les Japonais. Les étudiants, soutenus par le Parti communiste, seront les premiers à se révolter; et à Hang-Tcheou les graveurs, les premières victimes du régime de Tchang Kaï-Chek.

Pendant tout ce temps mon père n'était pas là, voyageant pour ses affaires. Bien que notre maison fût protégée, on nous cachait à l'arrivée des généraux sur des petites embarcations amarrées le long du fleuve. Parfois ma mère nous y installait pour vivre plusieurs jours.

Je n'ai jamais aimé me baigner, ni voyager en bateau. Je surmonterai ma peur et mon dégoût pour partir en France mais, pour le reste, l'eau est restée un élément dangereux dans lequel chacun fait ce qu'il a à faire: laver le linge et les légumes, pour ne pas dire autre chose. Lorsqu'on se promenait dans la campagne chinoise, en 1985 encore, on servait aux touristes français, en pleine chaleur, de l'eau bouillie. Étrange coutume, jugeront nos amis occidentaux quand on la leur racontera lors des dîners à Paris les soirs d'hiver.

Qui a pensé ici au bien-fondé de cette coutume persistante, là où le coca-cola et les glaçons ne sont pas monnaie courante... ? Qui peut imaginer que c'est aussi le souvenir d'une vieille peur du temps où l'eau était un poison.

Les villes étaient protégées par de hautes

murailles. Quand on ouvrait les portes, les généraux en profitaient pour entrer. Ils s'entre-tuaient et châtiaient ceux qui refusaient de leur obéir: ils décapitaient et accrochaient les têtes à l'entrée de la ville. Tout le monde était terrorisé et on n'osait pas regarder.

Ces barbares peignaient les têtes coupées, la moitié en vert, l'autre en rouge. Comme tous les enfants qui sortaient de l'école, poussés par la foule au premier rang, j'ai assisté à une exécution. On ne pouvait pas reculer, on était obligé de regarder. Je me suis longtemps endormi, terrorisé par la vision de cette tête roulant sur le sol, dont le sang giclait de tous côtés.

Cette époque fut particulièrement pénible. Il y avait des suicides parmi les plus pauvres qui ne pouvaient plus survivre ou vendaient leurs filles sur le chemin de l'école. Il n'était pas rare de voir des pendus aux branches des arbres.

Pendant la guerre, nous avons déménagé à Seu-Tchouan. Le sel était rare et cher, c'était loin de la mer. On le ramassait dans les puits. Beaucoup de gens avaient des goitres, ceux qui n'avaient pas les moyens de se nourrir de riz buvaient de l'eau où flottaient quelques grains. Il y avait, accroché au plafond, un gros morceau de sel, et chacun le trempait dans sa soupe. On ne mangeait de la viande qu'une ou deux fois par an. La plupart du temps on se nourrissait de légumes.

Lorsque les communistes ont libéré le pays, chacun a pensé que la nourriture et les vêtements ne feraient plus défaut. Il était courant de rencontrer des gens qui portaient des pantalons raccommodés de centaines de pièces différentes. Dans une famille il y avait une seule paire de chaussures qui servait à tous, de même pour le vêtement chaud ou imperméable. On le portait chacun son tour. On arrachait aux femmes leurs boucles d'oreilles, et les oreilles en même temps. Celles qui avaient les pieds bandés étaient la proie idéale des voleurs et des violeurs.

L'une de mes grandes occupations était de peindre des billets de banque. Je crois que ce fut ma première expérience de peintre. Et je fus félicité par mon père, qui prétendait que c'était difficile à copier !

Avoir faim, avoir froid, se méfier de l'eau, se protéger des brigands, supporter la présence des étrangers... Qui pouvait ne pas croire que le communisme apporterait forcément mieux ? Je n'ai, par bonheur, pas connu toutes ces misères car ma famille était riche mais mon père, homme de cœur, voulait que la Chine connaisse autre chose que la famine et la colonisation où l'arrogance britannique le disputait au sang-gêne des Japonais. Seuls les

Français, peut-être, étaient un peu plus acceptables... Vieux souvenir de la présence des jésuites deux siècles plus tôt...

C'est peut-être aussi pour cette raison que je choisirai la France, vingt ans plus tard.

Le fait de ne pas avoir l'eau courante n'incite pas à se mettre souvent nu. C'est certes une explication un peu simpliste du puritanisme de la Chine de mon enfance mais l'on a aussi moins faim lorsqu'on ne se découvre pas.

Les châtiments et les punitions étaient, ajoutés à des difficultés matérielles, le lot courant imposé par ceux que les historiens appellent pudiquement les «seigneurs de la guerre».

Ces pratiques, perpétrées pendant tout ce début du XXe siècle, ont renforcé le caractère punitif et puritain de la société chinoise.

Qui peut imaginer l'énergie qu'il a fallu à ceux qui ont tenté de s'en libérer, car il n'y a pas de création possible sans des conditions favorables à son éclosion!

Parfois lorsque je me retourne et constate le chemin parcouru, je me dis que ce n'est pas si mal car les difficultés n'ont pas manqué. Et certains matin, je me sens, à juste titre, fatigué...

Ma mère, épouse de banquier, était une femme courtisée et gâtée. Chaque fête était une occasion pour organiser dîners et réceptions et recevoir des cadeaux. Le 15 août était une date attendue : toute la famille se rassemblait. Mon père revenait, on mangeait le canard. Tuer le canard, c'était le geste rituel pour chasser l'étranger. Il y avait aussi la fête du 1er mai, celle du poète Chu-Yun, un grand patriote qui se jeta dans la rivière en 278 av. J.-C. Pour lui rendre hommage on accrochait des lampes de papier, des lotus, on mangeait des gâteaux salés ou sucrés avec du riz enveloppé dans des feuilles de plantes qui poussaient au bord de la rivière. Puis on jetait de la nourriture aux poissons, afin qu'ils ne mangent pas le cœur du poète. Pour le Nouvel An, pendant quatre jours, les jeux d'argent étaient autorisés. En octobre, on mangeait le crabe. C'était très onéreux et ma mère disait que les enfants ne pouvaient pas en manger, que c'était mauvais pour l'estomac, que ça emportait le foie. Elle le gardait pour le partager avec sa sœur. De temps en temps elle nous en donnait un petit peu. On dit que le crabe est très bon mais que c'est très froid pour le corps.

Pour être en bonne santé, il fallait apprendre à établir l'équilibre dans son corps entre la maladie qui installe le froid et ce qu'apporte le chaud. La nourriture apporte le froid et le climat, l'été, installe le chaud. Règle de l'équilibre de la médecine chinoise traditionnelle qui interdit l'excès, quel qu'il soit, en se protégeant du trop, des dérèglements venus de l'extérieur. L'homme, cet ensemble parcouru de courants et de souffle doit instaurer l'harmonie en soi, s'intégrer à l'univers extérieur: tel est l'idéal dont il doit se rapprocher.

J'ai longtemps fait beaucoup d'efforts pour atteindre cet état. Aujourd'hui, avec le temps qui passe, et aussi l'influence de cette société occidentale où chacun cherche à combler manques et frustrations plutôt que de les accepter, il m'arrive de m'abandonner à ces dérèglements pour économiser mon énergie et la garder pour peindre. Je sais qu'en vieillissant je deviens impatient et pressé. Ma peinture exige tant de maîtrise de soi que je me laisse envahir par l'agitation. Canaliser toutes ces forces qui ne demandent qu'à se jeter furieusement sur la toile blanche ne me laisse plus d'énergie pour garder mon calme. Alors, le plaisir d'étaler une infinité de bleus me fait oublier la nécessité de retenir cette violence que je laisse échapper; et je tombe de l'escabeau placé devant la grande toile que je suis en train de peindre, les pinceaux et le tube de couleur à la main. J'avais tout simplement oublié que j'étais juché dessus: je recule, je me brise le bras en huit morceaux. Mon ami, le chirurgien Raoul Tubiana passera des heures à le remettre en état. Qu'y puis-je? Le temps passe si vite et j'ai encore tant de tableaux à peindre !

Lorsque Mao Tsé-tung promit aux paysans que la Révolution leur donnerait à manger, leur ralliement ne leur posa pas longtemps problème, eux qui n'avaient pour seule nourriture que des légumes, de l'eau salée ou un peu de riz ! La marche fut longue pour parcourir toutes les campagnes car la Chine est un pays immense, mais la nouvelle se répandit vite, même si les mentalités étaient arriérées.

Je n'apprendrai rien à personne en rappelant que Mao Tsé-tung a fait la Révolution grâce aux paysans — car c'étaient eux les véritables pauvres, les prolétaires, au vrai sens du terme.

Mais à la tête de la Longue Marche s'étaient installés des intellectuels aisés, révoltés par tant de misère. C'est pourquoi nous avons tous cru que la Révolution communiste apporterait le bonheur à la Chine et lui rendrait enfin sa dignité.

Mon père devait avoir soixante-seize ans au moment de sa mort. Il n'y avait pas d'état civil en Chine. Il a dû naître à la fin du siècle dernier, probablement en 1896. Comme ceux qui ont fait la Longue Marche, il ne supportait pas que son pays fût pillé par les étrangers et humilié par la famine et l'indescriptible misère.

Mon fils, Jin-ling, venu en France depuis à peine dix ans — c'était en 1980 —, a dû longtemps supporter le fardeau de cet héritage de grand bourgeois lettré. Je sais qu'il a beaucoup souffert. Peut-être les années qu'il passe désormais en France avec sa femme et son fils lui permettront-elles d'oublier, mais je suis sûr que ce fut particulièrement douloureux. Pour son fils, tout sera différent. Arrivé à Paris à l'âge de dix ans, il s'est adapté avec une rapidité insoupçonnée et parle le français comme s'il était né en France. Que lui restera-t-il, lorsqu'il sera adulte, du pays d'où il est venu ?

Mon père, je l'ai dit, aurait aimé être peintre. Il avait même participé à des concours d'amateurs. Il est devenu banquier après avoir gravi tous les échelons de la hiérarchie. Riche en très peu de temps, il possédait des terrains et des propriétés qu'il ne connaissait même pas. Il a vécu jusqu'à sa mort des biens et des rentes confisqués par le gouvernement. Il y a quelques années le gouvernement chinois a proposé de me restituer la dernière maison qu'il occupa à Shanghai, et dans laquelle je vécus dès l'âge de treize ans. Ce sont maintenant mes deux sœurs qui l'habitent.

J'aime beaucoup les maisons : elles ont toujours un jardin, même minuscule, un bassin avec des poissons et un jet d'eau, comme celle que j'habite à Paris. La présence et le bruit de l'eau me sont d'une compagnie agréable.

Avant de venir nous installer à Shanghai, nous habitions Nantung. Notre maison était construite près de la rivière, avec une terrasse. Elle avait plusieurs salles de bains et des toilettes mais sans eau courante car la plomberie était inconnue en Chine : nous ne connaissions pas le système des tuyaux. L'eau était livrée quotidiennement par traction humaine, ou tirée du puits. Il n'y avait pas de gaz non plus, seulement l'électricité. On faisait la cuisine au charbon de bois. Seule Shanghai connaissait le confort moderne. Nous sommes venus nous installer dans cette ville dans les années trente.

Mon père ne voulait pas habiter les concessions étrangères. Il acheta un terrain dans un quartier qui s'appelait la *Nouvelle Chine,* et fit édifier une nouvelle maison. Elle avait trois étages, était construite presque comme un cube.

Là, on a commencé à vivre une vie différente. C'est à ce moment précis que j'ai décidé d'entrer à l'École des beaux-arts, comme si cette nouvelle demeure était à l'image de la nouvelle vie que je voulais avoir. C'était une grande maison, avec une immense pelouse, comme une maison occidentale. Le jardin était particulièrement soigné. Mon père revenait le soir, en voiture avec chauffeur.

Chaque année, pendant l'été, je revenais y passer un mois et demi avec ma famille.

Je peignais, mon père était à mes côtés pour regarder ce que je faisais, ou bien il jardinait. Il mangeait des pommes, une variété particulière du nord de la Chine. C'était pour moi le temps du bonheur.

Mon père était amateur de peinture ancienne mais il y avait beaucoup de faux dans sa collection, car il se faisait parfois gruger. Il les aimait quand même. Il appréciait la calligraphie ancienne. C'était plus facile à acheter, car peu de gens s'y intéressaient.

Le jour anniversaire des ancêtres, il sortait tous les rouleaux des coffres où ils étaient conservés — des coffres en bois de santal pour protéger la soie de l'humidité et des insectes. Il les déroulait et tout le monde les admirait.

Dès ma petite enfance j'ai pu admirer ces calligraphies que je considérais comme de la peinture. J'en ai gardé le goût de la collection, et plus tard, en France, tout au long de ma vie j'ai fait des échanges avec des amis. J'ai pu constituer ainsi un ensemble intéressant : ce sont plus souvent des esquisses ou des recherches que des œuvres achevées ; des tableaux dans lesquels il y a des hésitations ou quelque chose en gestation.

De la collection constituée par mon père, il ne reste rien. La Révolution culturelle a duré dix ans durant lesquels on a détruit tout ce qui pouvait rappeler le passé. C'est le plus grand reproche que l'on puisse lui faire. Mon père et ma mère ont personnifié, pour cette Révolution, ce qu'il fallait anéantir. Ils avaient envoyé leurs deux fils à l'étranger, l'un aux États-Unis, l'autre en France.

Pour la Chine, longtemps victime des envahisseurs étrangers, les fils partis étaient considérés comme des traîtres qu'il fallait punir.

En acceptant, en 1985, de venir enseigner pendant un mois à l'École des beaux-arts de Hang-Tcheou à l'invitation de son directeur, qui fut lui aussi persécuté par la Révolution culturelle, j'ai voulu témoigner que ce passé n'avait pas entamé mon attachement à mon pays.

Je sais que mes élèves, tous professeurs depuis de longues années dans les meilleures Académies de Chine, étaient pleins d'énergie et prêts à accepter mon enseignement mais j'ignore s'ils se sont rendu compte à quel point le chemin qu'ils doivent parcourir est long et pénible. J'ai essayé de leur expliquer ce que j'avais vécu moi-même: se défaire de la tradition, sans oublier qu'elle peut être bénéfique puisque la peinture chinoise est l'une des plus grandes de l'histoire de l'art, lutter contre la répétition car elle gangrène la spontanéité et la transforme en recette cent fois répétée; se dégager de ce que l'influence soviétique a laissé de plus détestable: le réalisme socialiste, la négation, non seulement de l'art, mais de ce qu'il y a de meilleur dans notre tradition.

Souvent j'ai répété à mes élèves: «Pourquoi essayez-vous d'imiter la peinture soviétique alors que notre tradition est si riche et si forte? Toute la peinture chinoise est une recherche de l'appropriation de l'espace et de la lumière. Pourquoi ne cherchez-vous pas dans cette direction? Pourquoi ne cherchez-vous pas à travailler ce que les Occidentaux nous ont tant envié?»

J'ai essayé de faire comprendre que la tradition ne doit pas être reniée comme je l'avais fait moi-même, mais qu'elle est un élément de départ pour le travail du peintre et non une fin en soi.

L'éducation chinoise est fondée sur le travail de la mémoire. L'apprentissage de l'écriture et de la calligraphie ne peuvent se faire que par la répétition du geste. Tout l'académisme vient de la répétition. La peinture est précisément l'art d'éviter ce piège. J'ai mis longtemps à le comprendre et à m'en débarrasser. Quel temps aurais-je économisé si mes professeurs à l'École des beaux-arts de Hang-Tcheou en 1935 m'avaient enseigné cela !

Enfin, qui peut comprendre l'énergie qu'il m'a fallu pour écouter, assimiler les leçons de Cézanne et de Matisse et revenir ensuite à cet héritage que m'a légué la peinture des Tang et Song, qui reste pour moi la plus belle du monde ? Ce sont cinquante années de travail, chaque jour dans mon atelier, avec la seule lumière venue du toit, celle du nord, qui ne déforme pas les couleurs. Rien n'a jamais entamé mon plaisir de me retrouver devant mon chevalet, mais le temps qu'il m'a fallu pour me débarrasser de la tradition et de ce qui subsistait de mon éducation, pour comprendre la formidable découverte de la peinture occidentale, me paraît aujourd'hui très long. Pour laisser émerger de mes gestes et de mon énergie ce que j'ai cru devoir inventer et exprimer par mes tableaux, j'ai le sentiment qu'il m'a fallu une force dont je ne suis plus capable maintenant. Le seul bienfait que m'accorde la vieillesse est de pouvoir peindre sans effort, de traduire ce qu'il y a en moi avec facilité et aisance même si la fatigue me terrasse à la fin de la journée.

IV

Lorsque je suis arrivé en France, je ne voulais pas de l'étiquette «peintre chinois». J'avais longuement étudié la technique de la peinture chinoise et particulièrement celle de l'encre de Chine. Je l'exerçais avec facilité et ne voulais pas de ce privilège. J'éprouvais un sentiment à la fois fort et profond: cette tradition ne me permettait pas de m'exprimer. Le tracé du pinceau, comme on l'apprenait dans mon pays, ne me posait pas de problème. Je ne voulais pas de ce chemin car raccourcir le parcours n'était pas mon projet, et malgré mon impatience je voulais prendre mon temps. Les petits enfants chinois de ma génération ne travaillaient pas avec un stylo ou un crayon mais avec un pinceau. Au-delà de l'apprentissage de l'écriture, il y a celui de la calligraphie dans laquelle on recherche la beauté et l'harmonie du caractère. En Occident le point de départ de la peinture c'est le dessin, souvent d'après modèle; en Chine, c'est la calligraphie. Écrire est déjà en soi une tradition. Ainsi, quand j'ai commencé à peindre, j'avais un acquis technique et un grand sentiment de liberté dans la façon de manier le pinceau et de tracer le trait. De cette liberté, sont nés un besoin, puis le sentiment d'un danger, celui de tomber dans la facilité et la répétition.

A Paris, j'ai décidé de ne plus pratiquer l'encre de Chine, je ne voulais pas faire de chinoiseries.

J'y reviendrai, vingt-cinq ans plus tard, à partir de 1971, lorsque la maladie de May, ma seconde épouse, ne me permettra plus de me concentrer sur la peinture. Ce que j'avais abandonné si longtemps me permettra alors d'avoir de nouveau la force de peindre en retrouvant les gestes acquis depuis l'enfance.

Lorsque, en 1981, j'ai exposé au Grand-Palais, François Cheng a écrit à propos de mon arrivée à Paris que «l'on a raison de parler d'une sorte de miracle en évoquant le moment décisif où je m'installe ici, venant dans un pays lointain dont je ne parle pas la langue». Je lui fais volontiers confiance sur cette formule même si elle me gêne, car il a suivi le même itinéraire et sait ce dont il parle. Je suis certain qu'il a éprouvé, comme moi, cette évidence qui fait dire à Victor Segalen: «J'ai trouvé mon lieu et mon milieu», lorsqu'il parvient, lui, en Chine. Pour nous, ce fut Paris et je ne l'ai jamais regretté.

François Cheng est né en 1929, à Pékin. Issu d'une grande famille de lettrés, il est arrivé en France en 1949 après avoir suivi des études universitaires à Nankin. Il s'installe à Paris et devient professeur à l'École des langues orientales. Ce qu'il a écrit sur la poésie et la peinture chinoises exprime clairement ce que j'en pense moi-même et je ne puis m'empêcher de croire que nous avons partagé les mêmes errances et les mêmes reconquêtes dans la recherche de la fusion de ces deux cultures, qui nous a parfois donné tant de mal.

Mon désir à Paris, comme je l'ai déjà dit, était de m'établir à Montparnasse, presque par superstition, comme si en habitant là je me rapprochais un peu plus du but que je m'étais fixé. Apprenant alors à parler français, je n'eus de réels contacts avec les Français qu'à partir de 1950 car je ne comprenais pas grand-chose à ce que l'on me disait. Souvent j'improvisais, faisant semblant de communiquer et ne me rendant pas réellement compte de ce qui m'arrivait. C'est ainsi que je reçus un prix de dessin de Gromaire en 1949, et rencontrai la même année Henri Michaux.

Je n'ai réalisé que quelques années plus tard la chance qui m'était donnée.

L'après-midi du 1er avril 1948, je m'étais précipité au Louvre. Hagard d'émerveillement, indifférent à la mauvaise lumière et aux salles immenses, je me suis planté devant *Mona Lisa*, les peintures de Botticelli et Fra Angelico. Je voyais enfin qu'il existait une autre peinture. Elle me paraissait d'une nature différente et pourtant, maintenant, avec le temps, je m'aperçois que la distance n'est pas si grande. Seule change la manière de voir.

Enfin, cet incessant sentiment d'ennui que j'éprouvais en permanence à l'École des beaux-arts de Hang-Tcheou me quittait. Je n'étais plus guidé par le souci de rejeter ce qu'on m'avait appris mais par l'obsession de comprendre ce qui m'était donné de voir.

Mais de cette première visite je fus tout de même un peu déçu. Comme je l'ai confié à Pierre Schneider dans les *Dialogues du Louvre* *, je trouvais ces Madones bien constipées.

Chaque après-midi, pendant un an et demi, j'ai visité musées et expositions. Rouault, Cézanne, Renoir, Modigliani, Matisse, Picasso, mais aussi Courbet, Corot, Rem-

* Voir la liste des monographies.

brandt, La Tour, Vermeer. J'ai regardé longuement, passant des journées entières devant un seul tableau.

Pour peindre, il faut comprendre la peinture des autres et, parfois, dans sa jeunesse avoir aimé de mauvaises peintures. J'ai toujours cherché à saisir l'essentiel, à discerner les intentions du peintre, à deviner comment dans l'enchevêtrement des touches et des taches se construit le tableau.

J'ai été impressionné par Rembrandt et Goya. La peinture italienne m'a paru un peu plate, très mate. J'ai aimé la matière des tableaux de Rembrandt là où on voit les mouvements du pinceau. C'est un espace riche, complexe et en même temps économique. J'ignorais tout de Poussin et je n'ai pas compris. Il m'a fallu beaucoup de temps pour le voir. Jean Leymarie m'y a aidé lorsqu'il présenta la belle exposition de la Villa Médicis, en 1980.

Finalement j'ai lâché la peinture italienne. Quand j'ai vu les œuvres à la place des reproductions, mon point de vue s'est modifié. Cependant, j'ai toujours conservé une grande admiration pour Cimabue et sa façon de traiter l'espace.

En Chine, j'avais appris à peindre un espace selon la perspective de la Renaissance. Quant au nu, la représentation se limitait à l'emploi du jaune ocre mélangé à un blanc plus ou moins marqué. La palette des couleurs était, le moins que l'on puisse dire, très limitée.

Le fauvisme m'a effrayé, l'espace étant uniquement créé par la façon de traiter la couleur. Elle est employée dans sa pureté, utilisée uniquement pour sa violence et sa brutalité.

Quant au cubisme, il m'a dérouté car il analyse le mouvement, découpe la surface, déstructure l'espace. Je ne pouvais concevoir une telle chose puisque je n'avais pensé qu'à des espaces reliés entre eux, au risque de peindre le vide. Je n'avais pas bien perçu toutes ces richesses. Je n'avais jamais vu ça, j'étais stupéfait de réaliser que la peinture avait autant de dimensions.

La peinture traditionnelle chinoise m'est apparue définitivement comme académique et la mienne, finalement, tout à fait pompier.

Alors je suis tombé dans le travers opposé: celui de n'être attiré que par ce qui est différent.

Je suis resté deux ans sans bouger, je n'avais pas de voiture. Mais jamais ne m'est venue à l'esprit l'idée de rentrer en Chine. J'avais des nouvelles régulières de mes parents et possédais assez d'argent devant moi pour ne pas penser à l'avenir.

Pendant cette première année, je fréquentais des Chinois, à cause de la langue. Je n'ai pas gardé d'amis de cette époque mais c'est dans cette petite communauté d'artistes — certains étaient peintres ou sculpteurs et ont depuis, disparu de ma vie —, que nous nous échangions des informations sur la vie artistique. C'est ainsi que j'ai entendu parler de la Grande Chaumière. J'ai suivi régulièrement les cours d'Otto Friesz, je dessinais. Il appréciait mon travail et m'a corrigé seulement deux fois. C'était une atmosphère très libre, il n'y avait pas d'horaire obligatoire, pas de contraintes. On venait, on travaillait, on repartait. C'est là que j'ai connu des G.I's., qui étudiaient la peinture grâce à des bourses données par leur gouvernement. L'ambiance était gaie, légère, nous étions tous portés par le même but: la peinture. C'est à ce moment-là que s'est tissée mon amitié avec Sam Francis et Norman Blum. Un peu plus tard, venant du Canada, Jean-Paul Riopelle nous a rejoints. Nous étions tous de jeunes peintres entre vingt-cinq et vingt-huit ans. Ma peinture n'était pas dans leur esprit car j'étais encore figuratif, mais nous vivions la même aventure. Nous nous rencontrions chez Nina Dausset, qui avait une petite librairie-galerie.

Nous travaillions dans l'enthousiasme, nous couchant très tard, fréquentant les mêmes cafés, les mêmes galeries.

Un jour, des amis chinois m'ont proposé de faire un concours organisé par l'ambassade d'Argentine. Une danseuse célèbre évoluait sur scène et nous devions faire des croquis. Les dessins étaient anonymes, nous n'avions qu'un numéro. André Lhote et Gromaire, membres du jury, ont appelé le gagnant: c'était le numéro 79. Bien sûr je n'ai pas compris car je ne savais pas compter en français. Personne n'a répondu et c'est mon voisin qui tout à coup a sursauté et a levé mon bras. Le numéro 79, c'était moi! J'avais gagné une *Histoire de la peinture* publiée chez Skira que je possède toujours.

Françoise me dit souvent, lorsque j'évoque mes relations avec un ami: «Tu le connais depuis ton arrivée à Paris. Pourquoi, tout de suite, as-tu connu et choisi ceux que les musées exposent maintenant, auxquels les éditeurs consacrent des livres, ou qui sont aujourd'hui de grands écrivains, de grands médecins? Ils n'étaient pas tous rassemblés dans une seule pièce... Paris est grand.»

Je n'ai pas de réponse à faire à cette constatation.

En 1950, ma peinture n'existait pas. Elle était en moi, en gestation. Il y avait seulement la volonté, inébranlable, de la projeter sur une toile blanche, sans savoir ce qu'il en adviendrait. Pour certains de mes amis c'était la même chose. Quel lien s'est créé, qui n'a fait que se resserrer au cours du temps? Certains peintres que j'avais connus ont disparu; qu'est-il advenu de leur désir de peindre, de leur peinture tout simplement?

Un soir où Françoise demandait à François Jacob comment il expliquait cette permanence d'amitiés qui n'auraient pu rester qu'à l'état de rencontres, il lui a répondu en riant que cela fait aussi partie du mystère de la vie.

Qui m'a parlé d'aller faire de la lithographie à l'atelier Desjobert? Je ne m'en souviens plus. Peut-être ai-je entendu ce nom à la Grande Chaumière ou chez Nina Dausset.

Au début de 1949, alors que je n'avais pas encore décidé de me mettre à la peinture à l'huile, je suis allé dans cet atelier de lithographie. L'idée de jeter de la couleur sur une grande pierre blanche poreuse, comme sur du papier de Chine, me plaisait. J'ai dû le faire avec des moyens limités car le tirage des épreuves coûtait relativement cher. J'ai réalisé huit lithographies avec trois couleurs, c'est-à-dire trois passages. Comme pour l'encre de

Chine, je mettais beaucoup d'eau, ce qui n'est pas du tout recommandé. Edmond Desjobert, remarquable technicien de la lithographie, me le reprocha et m'avertit que le résultat serait mauvais car l'on ne pouvait pas mélanger autant d'eau avec l'encre de lithographie. J'ai tout de même essayé et lorsqu'on tira les planches, il fut enthousiaste. Il m'a alors poussé à travailler dans cet esprit et j'ai réalisé toute une série, d'après des aquarelles et des esquisses. J'ai terminé mes huit lithographies, j'en ai tiré une vingtaine d'exemplaires. Robert Godet, qui éditait des ouvrages de luxe sur Picasso, et venait souvent à l'imprimerie, m'a dit: «Je suis sûr que cela va intéresser Michaux, je vais les lui montrer.»

Je ne savais pas qui était Henri Michaux. Plus tard, je me suis demandé comment Robert Godet l'avait abordé. Je n'en ai rien su jusqu'à ce jour de novembre 1986 où Yves Peyré, jeune poète qui voyait souvent Michaux et entretenait avec lui des liens de confiance, a évoqué cette rencontre. Michaux a d'abord refusé, parce que j'étais chinois, comme pour se défendre de pouvoir s'y intéresser. Puis, quelques jours plus tard, il a demandé à Robert Godet de les voir, pour finalement lui dire qu'il trouvait ce travail très intéressant. Jean Leymarie m'a aussi rapporté cette phrase de Michaux: «On m'apporta ses lithographies.

Je ne connaissais ni lui-même, ni ses peintures. J'écrivis le lendemain les pages qui suivent, à quelques lignes près. »

C'est ainsi qu'il écrivit pour ces huit lithographies huit poèmes qu'il intitula *Lecture de huit lithographies de Zao Wou-Ki*. On eut beaucoup de mal à trouver de l'argent pour les éditer. Robert Godet, en association avec un éditeur chinois, réalisa un tirage de cent vingt exemplaires.

Et c'est ainsi que je connus Michaux. Il ne supportait pas son prénom. Je l'ai toujours appelé par son nom de famille.

Cette rencontre fut décisive car l'attention de Michaux à mon travail me donna confiance. Chaque fois qu'il m'est arrivé de douter, l'avis de Michaux l'a emporté sur ma confusion intérieure et m'a permis de continuer, de repartir.

Dans la tradition chinoise, peinture et poésie sont intimement liées au point qu'il n'est pas rare qu'un poème soit écrit dans une partie vide du tableau.

J'ai lu de la poésie dès mon enfance. J'ai appris à la lire quand j'apprenais à écrire. Je ressens ces deux expressions comme étant de même nature, physiquement.

Elles expriment l'une et l'autre le souffle de la vie, le tremblement du pinceau sur la toile ou de la main sur le papier pendant que se forme le caractère. Elles évoquent sans représenter, elles révèlent des sens cachés, ceux de l'univers.

Michaux connaissait bien la Chine — il y avait voyagé — et connaissait sa culture. A-t-il pensé au lien qui unit, pour un Chinois, peinture et poésie ? Sur le moment, je n'y ai pas songé et je n'ai jamais osé, plus tard, lui poser la question. Je crois qu'il avait perçu, très tôt, ce lien : sa peinture ressemble souvent à des idéogrammes, une espèce d'écriture qui évoque aussi le mouvement de la vie qui va naître.

Dès 1950, chaque fois qu'un éditeur me l'a proposé, qu'un poète m'a choisi, j'ai accepté d'associer mon travail à des poèmes. Ce que j'aime par-dessus tout dans la poésie, c'est le sentiment de liberté, de circuler à travers les phrases. Chaque mot trouve sa place dans un ensemble unifié, se referme sur un tout où chacun peut, en toute insouciance, se promener, s'arrêter, revenir en arrière, respirer. On bute sur un point et c'est un merveilleux moment de silence, comme un morceau de vide dans le tableau.

A relire ces poèmes de Michaux c'est le sentiment que j'ai éprouvé.

Ce 25 novembre 1949, jour où il acheva son texte, quelque chose de ma vie s'est dégagé, à mon insu. Michaux, lui, l'avait compris et c'est peu de chose que de lui rendre hommage en rappelant maintenant, dans leur intégralité, l'avant-propos et les huit poèmes qu'il écrivit pour moi.

Les planches avaient été faites à la suite, spontanément. Elles ont pour thème la nature. Je n'aime pas le mot *paysage* que l'on emploie en parlant de ma peinture. Il évoque l'idée de tomber dans le piège de la ressemblance, ce que l'académisme chinois enseigne depuis des centaines d'années. En chinois le caractère *montagne* désigne le paysage. Je préfère le mot *nature.* Il évoque un univers plus large: de multiples espaces enchevêtrés y prennent un sens cosmique où circulent l'air, le souffle du vent...

Il y avait dans ces lithographies tout ce que j'apportais de Chine et essayais de renouveler par l'emploi de la couleur, la façon de la poser, soit en aplats longs et monochromes, soit en fusionnant plusieurs tons. Je ne pouvais employer que trois couleurs car au-delà le tirage coûtait trop cher. Mais n'était-ce pas un prétexte pour économiser l'expression que je voulais sobre, me prouver que j'étais capable de me débarrasser de ces «chinoiseries» que j'avais en horreur?

«Les livres sont ennuyeux à lire. Pas de libre

circulation. On est invité à suivre. Le chemin est tracé, unique.

Tout différent le tableau. Immédiat, entier. Puis on va à gauche, à droite, comme on veut, où l'on a envie, selon ses trajets, et les pauses ne sont pas indiquées.

Dès qu'on le désire l'œil le tient à nouveau, entier. Dans un instant, tout est là.

Tout, mais rien n'est encore connu. C'est ici qu'il faut commencer à LIRE.

Joie peu connue, quoique pour tous. Tous peuvent lire un tableau, ont quelque chose à y trouver (et à des mois de distance, des choses nouvelles), tous, les respecteux, les insolents, les extra et les introvertis, les analystes scientifiques, ceux des mouvements de l'individu, et des au-delà de l'individu, ceux pour qui tout trait est comme un saumon à tirer de l'eau, ceux pour qui tout chien rencontré est chien à mettre sur la table d'opération pour y voir ses émotions dans son estomac ouvert, ceux qui préfèrent jouer avec le chien de rencontre, pour se reconnaître aussi, sans doute en le connaissant, ceux qui dans autrui ne font jamais ripaille que d'eux-mêmes, ceux qui voient surtout la grande marée qui porte également le tableau au peintre et le peintre lui-même, et le lecteur et la foule de leur entourage et de leurs prédécesseurs et la foule des événements unis, enfin et surtout ceux qu'on appelle propres à rien, les incoordonnés, ceux qui dans tout paysage ont leurs ailes de moulin à faire tourner. (On les voit tourner en pleine lumière dans des paysages étrangers.)

Puissé-je pousser quelques-uns, lecteurs qui s'ignorent, à lire à leur tour.

Et que Monsieur Zao Wou-Ki m'excuse.

On m'apporta ses lithographies. Je ne connaissais ni lui-même, ni ses peintures. J'écrivis le lendemain les pages qui suivent, à quelques lignes près. Il méritait un plus "sérieux" lecteur.

Henri Michaux. »

Lecture
par
Henri Michaux
de
huit lithographies
de
Zao Wou-Ki

I

Lentement, de l'autre côté, lentement voguent les poissons, croiseurs de la méditation de la faim.

Ceux de l'obstacle de l'air regardent, étrangers, ceux de l'obstacle de l'eau.
Que d'amitiés se perdent parce qu'on n'a pas de branchies!

Le rêve de vie complète, muette, s'accomplit dans les gouttes, sphères, repoussant des sphères.

Dans l'espace, sans coude, avec des airs graves de préséance observée, modelant et remodelant, comme une vertu, leur forme, sous la douce pression des invisibles fuseaux aqueux, les placides impérialisent.

Il existe encore des souverains!

Souverains? De toute leur longue ligne latérale auditive, sans cesse il leur faut écouter, sans cesse les signes atténués qui leur viennent du dehors.

Une ombre dans le poudroiement les assombrit. La belle demeure d'eau est cernée.

AUTOPORTRAIT

II

Que de lait entoure l'astre mort!
Que de blancheur épandue dans le ciel!
En bas la rencontre a eu lieu. Les bras faits pour se prendre se sont pris.
Aujourd'hui, sans limite aujourd'hui, éternel s'accomplit, s'allongeant jusqu'au bout du monde. Plus de distance.
Il n'y a pas d'au-delà des âmes entourées du cordon rouge.

L'espace est silence. Silence comme le frai abondant tombant lentement dans une eau calme.
Ce silence est noir. En effet, il n'y a plus rien. Les amants se sont soustraits à eux-mêmes, en « arrivant ».
Bonheur, bonheur profond, bonheur semblable à la lividité.

La lune a pris toute vie, toute grandeur, tout effluve.
D'avance leur cœur se retire dans l'astre qui reflète.

III

Un vol d'oiseaux fonce sur la vallée. D'une bourrasque du ciel, d'un gros orage lenticulaire, l'escadrille surgit.

Il y a un énorme blanc, dessus, dessous, de côté, partout, un blanc de deuil.

Des arbres affairés cherchent leurs branches arrachées qui éclatent, des arbres affolés, des arbres comme des systèmes nerveux ensanglantés.

Mais pas d'êtres humains dans ce drame.

L'homme modeste ne dit pas: «Je suis malheureux.» L'homme modeste ne dit pas: «Nous souffrons. Les nôtres meurent. Le peuple est sans abri.» Il dit: «Nos arbres souffrent.»

IV

Il y a dans cette tempête rouge, dans ce flux en tous sens de sang, dans ce recouvrement parfait de rouge sur toute chose, dans cet épandage mondial, il y a deux loups affrontés.

Comme l'innocence préserve le fauve, un espace blanc préserve chacun d'eux qui se regardent, l'un d'un œil bleu, l'autre noir et décidé.

Du ciel d'autrefois, bu jusqu'à la lie, des objets tombent. C'étaient des oiseaux, il y a un instant, même des canards sauvages ou des sarcelles au cri plaintif.

De petits arbres étêtés charbonnent au loin. Il n'est permis à être au monde de commettre l'imprudence d'avoir confiance.

Mais la lune ne quitte pas la Chine. Pas encore. Elle lutte pour la garder. La garder à son âme. Elle est bleue en ce moment, bleue comme de coups reçus, un dos, presque noire.

V

Un cercle de neige tient dans sa fermeture inexorable les trois arbres, la maison, la campagne, les deux amants.

Il n'est dépassé que par un autre cercle, l'entourant entièrement, de sang, paprika de demain.

Le double anneau entoure la planète, entourage dangereux.

Un oiseau phénix, un oiseau maigre, un oiseau en projet, en épure d'oiseau, traverse comme une règle le haut de la plaine.

En bas, un autre plus squelettique encore, dressé, vrai appareil à être oiseau. Et deux plus bas dans les branches, ployés, reptiliens comme on dit qu'ils furent dans la nuit du jurassique.

Car on vit dans cette grande grenade ceinturée du mal, pourvu qu'on se fasse petit, soit arbres ou oiseaux ou homme et femme.

Ceux-ci, leur cœur est leur voyage. Ils ne sont pas grands. Ils ne tiennent pas à être plus grands. Ils n'en ont plus besoin. Ils sont à la hauteur l'un de l'autre. Ce ne serait pas prudent non plus...

L'hiver les entoure sans les toucher encore.

Sans lever la tête, ils savent qu'ils vivent dans les cerises.

VI

Ce n'est pas étrange, une maison transparente, ni qu'elle n'ait qu'une solive et quelques poutres, ni que tout la traverse, que même la boue du chemin la traverse et le fourmillement des poussières de l'air aussi la traverse.

Qui possède meilleure maison à présent?

Mais les arbres sont là. Derniers compagnons, experts en l'art de la résurrection. Une échelle auprès d'un. On veut donc encore arriver à quelque chose!

Cependant, personne, à moins que ce terrain confus, couleur de minerai de fer (gare au travail!) ne soit troupeau humain, foule des absents d'eux-mêmes, foule des futurs encore mal informés. Impossible en effet de saisir les visages. Il faut attendre. L'époque abonde. L'époque met au monde. Elle n'est pas encore signée.

VII

Squelette fibrillaire des arbres. On dirait qu'ils saignent. En effet, il y a les drapeaux pas loin.

Une charrette, comme une caisse, comme un cercueil, est traînée par un cheval maigre, tirant, tirant, allongé dans l'en avant jusqu'à y choir, presque. Quelques formes noires suivent.

Partout ailleurs une flaque équivoque de vouloir vert sans verdure, plutôt une lessive et qu'est-ce qui va résister à cette lessive?

Y garder sa forme, en trouver une nouvelle?

Le cœur des arbres ne semble pas désespéré.

Dans l'adversité la beauté de l'existence n'est pas absente.

Il y a aussi du tonique dans le petit drapeau.

VIII

Sur la toile blanche du Monde, il va faire quelque chose. Il est décidé. Pour le moment, il marche, quoique indubitablement oiseau et fait pour voler.

Mais le vol n'est pas à l'horizon, pas pour lui. Sur sa droite, en l'air, un insecte à deux paires d'ailes l'asticote d'idées d'ascension. Vraiment? Est-ce qu'une petite sauterelle, ses leçons de vol pourraient profiter à une outarde?

Non. Aussi ne tourne-t-on pas la tête.

On va plutôt prendre conseil d'un arbre (plus réaliste un arbre, plus à l'essentiel, à tenir d'abord, à s'enraciner) d'un arbre, pour qui, sucer la terre entre le dur gravier, c'est déjà la vie en rose.

V

J'aime mes amis comme je soigne chaque matin, à l'heure du petit déjeuner, en buvant du thé, les bonsaï, orangers et orchidées de ma salle à manger. Je cultive l'amitié car j'ai besoin de cette harmonie avec le monde extérieur. Ces amis, rencontrés dès 1949, dans la fidélité réciproque, m'ont aidé à m'enraciner dans ce pays, au point de ne plus penser retourner vivre en Chine.

Le climat était-il favorable pour accueillir d'autres cultures, et leur donner la chance de se développer? Je n'ai jamais une seule fois été victime de racisme, comme je le craignais. Dès mon arrivée j'ai été non seulement accueilli et compris mais soutenu par ceux que je ne connaissais pas encore. Ma peinture a été le maillon du premier lien qui m'a permis d'avoir de nombreux amis, Vadim Elisseeff, Bernard Dorival notamment.

J'ai rencontré Vadim Elisseeff en 1941 à Ch'ung-king. Il était attaché culturel à l'ambassade de France. En juin 46, il a présenté au musée Cernuschi vingt et un tableaux peints en 1945 et sept dessins dans une exposition consacrée à la peinture chinoise contemporaine, au scandale des peintres chinois qui vivaient à Paris, regroupés dans l'Association des artistes chinois. Que sont-ils devenus?

Je revis Vadim à mon arrivée à Paris.

Dès 1949, j'eus l'opportunité d'exposer trente-six tableaux à la Galerie Greuze, située avenue de Messine. Bernard Dorival accepta d'écrire la préface du catalogue. Il était conservateur du Musée national d'art moderne. Que pouvais-je espérer de mieux pour présenter mon travail? Il a été le premier qui ait su définir l'esprit de ma peinture. Il m'arrive de relire cette petite préface et je suis toujours ému de cette sollicitude. Je le trouve infiniment généreux, à l'image de ce qu'a été pour moi le Paris de cette époque.

«Rien de plus réconfortant, de plus exaltant même, pour nous autres Français de 1949, que le spectacle de ces jeunes artistes étrangers qui du monde affluent vers Paris, comme vers la capitale, ou mieux, vers le laboratoire et vers le sanctuaire de l'art contemporain. Mais le plus merveilleux, c'est qu'en y recevant des leçons françaises, ils ne laissent pas de rester ce qu'ils sont, voire de le mieux devenir, les fils de leur pays natal et les héritiers de sa culture, que les enseignements et les exemples de France, loin d'étouffer, épanouissent. Ainsi en alla-t-il depuis un siècle, de milliers de peintres. Ainsi en va-t-il de Zao Wou-Ki. »

A l'exposition je reçus la visite de Gromaire. Je n'ai rien vendu, sauf une petite aquarelle à une collectionneuse britannique, pour la somme de vingt francs. Rouault m'écrivit une longue lettre de félicitations que me transmit sa fille, et Villon m'invita au Salon des Tuileries : il en était l'organisateur.

Le 5 mai 1950, je reçus cette lettre :

« Cher ami,

J'ai pris rendez-vous avec Pierre Loeb pour aller voir vos tableaux chez vous, lundi 8 mai à 10 h 1/2 du matin ou 11 heures.

Il partira sans doute le lendemain pour Salzbourg. J'espère que cet arrangement vous convient. Voudriez-vous avoir l'obligeance de me téléphoner.

A bientôt,

Amicalement à vous.

H. Michaux. »

Pierre Loeb s'est décommandé. Michaux n'a pas insisté.

Il viendra seul, le 4 janvier 1951 et m'a immédiatement proposé de faire une exposition et de travailler sous contrat. Entre-temps, la Galerie La Hune présenta les huit lithographies accompagnées du texte de Michaux et un album de six lithographies pour illustrer le texte de Harry Roskolenko *Paris-Poem's* *.

Pierre Loeb avait confié à Michaux qu'il ne voulait pas de peintres chinois dans sa galerie, parce qu'ils étaient trop habiles, trop décorateurs, style laques, chats et bambous sur soie peinte. Il redoutait de ne trouver dans mon travail aucune profondeur.

Je ne me souviens plus si j'ai été blessé par cette première attitude de Pierre Loeb. Sa galerie était prestigieuse car tous les grands peintres, en particulier avant 1949, y avaient exposé.

J'ai plutôt gardé le sentiment d'avancer en aveugle, par rapport à ce qui pouvait m'arriver. J'étais porté par une nécessité intérieure qui ne m'a jamais fait douter de ma vocation de peintre, même pas l'attitude hostile d'un marchand dont je ne mesurais certes pas l'importance. Ma capacité de travail et l'obsession d'exprimer ce que j'avais en moi m'ont tenu

* Voir la liste des textes poétiques illustrés par Zao Wou-Ki.

lieu de certitude. En cela je n'ai pas changé, même si le fait d'exposer me met dans un état de grande agitation, aujourd'hui encore, à soixante-six ans.

Mes rapports avec Pierre Loeb, de 1951 à 1956-1957 ne furent pas toujours faciles, empreints de brouilles, de lettres de dépit et de réconciliations amicales. Il aimait beaucoup écrire.

Il venait à mon atelier trois ou quatre fois par semaine, et il lui arrivait, avant que le tableau ne fût achevé, de me donner son avis, me conseillant d'abandonner ou de poursuivre, comme s'il cherchait à ébranler ma confiance. J'en étais très irrité. Mais j'ai rencontré chez lui, et grâce à son soutien, de nombreux amis qui me tiennent lieu de famille.

Je n'ai jamais su parler de ma peinture. Je n'y tiens pas non plus, je ne cherche pas à l'expliquer. Ce qui compte, c'est uniquement le tableau. Parfois, lorsque j'entends de jeunes peintres faire de longs discours sur la façon dont ils peignent, la démarche de leur travail, comme on dit, je me surprends à sourire intérieurement.

En relisant les lettres échangées pendant quarante ans avec mes amis, je me dis que nos goûts communs ont toujours été tacites. Je ne leur parle pas de mes tableaux.

Ils me demandent simplement d'aller dans mon atelier, ce que j'accepte avec plaisir, même si j'éprouve encore un sentiment de gêne.

Mes longues conversations téléphoniques avec Michaux ne nous amenaient pas à parler de la peinture, mais de la Chine. Il évoquait le peuple avec beaucoup de gaieté et d'enthousiasme.

Le lundi 23 juillet 1951, je reçus cette lettre de Dubuffet :

« Mon cher Zao Wou-Ki,

Le docteur Lacan, qui s'intéresse beaucoup aux choses chinoises et qui a étudié assidûment le chinois pendant plusieurs années, m'a une fois raconté une histoire d'un peintre chinois qui, saisi de frénésie en exécutant son travail, trempait sa chevelure dans l'encre et la jetait sur son tableau ; et cette affaire-là m'a beaucoup intéressé. J'en ai parlé par la suite à d'autres personnes et je crois me souvenir que Jean Paulhan connaissait aussi cette histoire de cheveux jetés sur le papier. Mais avec Jean Paulhan rien n'est jamais sûr vu qu'il mélange toujours volontiers le faux avec le vrai, et il veut toujours avoir l'air de tout connaître et ne manque pas, à chaque fois qu'on lui dit quelque chose, de faire semblant qu'il le savait déjà (après quoi il s'empresse de le colporter partout). Mais je crois bien que je vous ai parlé aussi à vous de ce peintre qui jetait sa chevelure, et que vous connaissiez déjà cette histoire. La question est que je voudrais savoir si c'est vrai ou si c'est une invention sans fondement. Est-ce que vous connaissez quelque chose de précis au sujet de cette affaire? Est-ce que vous connaissez le nom du peintre qui faisait cela?

Mille révérences à la charmante madame Zao Wou-Ki et à vous amicalement.

Jean Dubuffet.»

Jean Dubuffet n'a jamais rien dit sur ma peinture mais je sais que s'il ne l'avait pas estimée, il n'aurait eu aucun rapport avec moi. C'était mieux ainsi. Son amitié me suffisait.

Par Michaux aussi j'ai rencontré plus tard Varèse. Sa femme traduisait les poèmes de Michaux. Nous évoquions longuement la musique ancienne chinoise qu'il adorait.

Lorsque je pense aux années cinquante, je songe à Alberto Giacometti. Nous nous sommes connus, dès 1949, rue du Moulin-Vert. Il venait souvent dans mon atelier. Nous étions voisins. Il aimait de ma peinture la partie figurative et plus tard il m'a souvent reproché d'être devenu abstrait.

Paris me devenait une ville familière et je gagnais ma vie. Je décidai de laisser pendant quelque temps mes pinceaux et de voyager. Je choisis d'aller en Espagne et en Italie où j'ai retrouvé, en Toscane, les paysages de Chine. L'architecture des villes m'aidait à imaginer des espaces pour ma peinture.

En observant longuement les fresques des églises j'essayais de comprendre comment peindre l'espace par la perspective plate et d'analyser la façon dont sont disposés les personnages.

A mon retour, je peignis de nombreux paysages, d'architecture et de nature, peuplés de personnages et d'animaux qui ne sont pas sujets mais éléments de l'univers avec lequel ils forment un tout. Lorsqu'il m'arrive de revoir quelques-uns de ces tableaux, je comprends mieux l'avis de Giacometti : il y avait un côté pattes de mouche tremblotantes qui devait lui plaire, comme Michaux l'écrivit dans la préface d'un petit catalogue publié à l'occasion de ma première exposition à New York chez Patti Birch : « Montrer en dissimulant, briser et faire trembler la ligne directe, tracer, en musant, les détours de la promenade et les pattes de mouches de l'esprit rêveur, voilà ce qu'aime

Zao Wou-Ki et tout à coup, avec le même air de fête qui anime campagnes et villes chinoises, le tableau apparaît frémissant, joyeusement et un peu drôle dans un verger de signes. »

Signe : voilà bien la première fois que le mot était exprimé et écrit.

En 1951, était organisé à Berne et à Genève par Nesto Jacometti une exposition de mes gravures. J'y suis allé et me trouvant, pour la première fois, face à la peinture de Klee, je me suis rappelé les mots de Michaux : « Un ensemble de signes. »

Je restais des heures à observer ces petits rectangles de couleur, ponctués de traits et de signes, ébahi par tant de liberté dans le tracé du trait et la poésie légère et chantante qui se dégageaient de ces petits tableaux tout à coup devenus immenses par l'espace qu'ils savaient créer. Comment avais-je pu ignorer ce peintre dont les connaissances et l'amour de la peinture chinoise étaient évidents? De ces petits signes tracés sur un fond aux multiples espaces, surgissait un monde qui m'éblouissait.

Comment dire ce que j'ai éprouvé. J'ai erré de longues heures dans ce musée, tournant en rond, ne me lassant pas de regarder ces tableaux pour en percer le mystère, stupéfait par la transformation de figures en signes. Ainsi, la peinture occidentale, dont j'avais sous les yeux un pur exemple, se servait d'une manière de voir que je connaissais si bien et qui m'embarrassait.

Je traversai des moments de grande confusion, mais en rentrant à mon atelier, le chemin se dessinait devant moi avec plus de clarté. Je devais travailler dans la voie que Klee me montrait.

Mais ce ne fut pas si simple.

Le monde de Klee, différent, poétique, permettait de voir autre chose. C'était un pont vers un monde que je recherchais mais je le considérais comme un raccourci pour trouver une autre voie.

J'étais obsédé par l'idée que je devais chaque jour trouver un sujet: un bateau, deux bateaux, trois bateaux, une nature morte, un paysage. Cela devenait un problème de mise en page, d'arrangement. Il fallait découvrir une variation, créer une atmosphère, rendre compte du présent. Mais où était le monde de la peinture, celui qui fait voir les choses autrement, d'un point de vue seulement pictural?

Il fallait inventer un langage qui échappât aux limites du choix du sujet. J'eus rapidement le sentiment de devenir un sous-Klee, ce que Léon Degand, critique célèbre, écrivit, en disant que ma peinture était du «Klee affadi».

Je fus profondément blessé mais c'était, hélas, vrai.

Les deux années qui suivirent cette découverte furent troubles et difficiles. Ma peinture devint illisible. Natures mortes, fleurs et animaux disparurent. J'essayais de déceler, avec des signes, quelque chose d'imaginaire qui s'inscrivait sur des fonds presque monochromes.

Pierre Loeb ne vendait plus rien. Les collectionneurs semblaient se désintéresser de mon travail. J'étais malheureux mais je continuais.

Puis, petit à petit, les signes devinrent des formes; les fonds, espace. A force de reprendre, de détruire, de recommencer, quelque chose en moi semblait émerger. Ma peinture semblait se mettre en mouvement, s'agiter. Des formes surgissaient et j'osais employer des couleurs qui jusque-là me faisaient peur.

Lorsque François Jacob me donna à lire le manuscrit de son autobiographie, j'ai retrouvé dans certaines pages des sentiments que j'ai moi-même éprouvés à ce moment précis de ma vie. J'ai connu cette fébrilité, cette impatience qu'il décrit devant la résistance de ce qu'il cherche. J'ai éprouvé aussi ces déceptions, la fatigue devant les résultats de la veille retrouvés le lendemain matin et qui se désagrègent au cours d'une nouvelle journée de travail. Mais, comme lui, je portais cette force inébranlable. Rien ne pouvait me faire renoncer. Mes découragements étaient à la mesure de ma joie mais jamais l'acharnement ne m'a fait défaut.

VI

1956 fut une année de grandes turbulences. Lalan me quitta. Nous étions mariés depuis seize ans. Je vécus cette séparation comme une humiliation et il m'en reste encore aujourd'hui de l'amertume.

Je décidai alors de partir en voyage. Je ne me fixais pas de limites dans le temps.

Mon périple dura un an et demi, pendant lequel je restai quatre mois chez mon frère Wou-waï dans le New Jersey. Il travaillait beaucoup mais nous avions du temps pour bavarder et rire, nous évoquions notre enfance, mon envie de retourner en Chine. Lui en avait abandonné l'idée. Il était citoyen américain et sa profession ne le lui permettait pas. Il pensait qu'il pourrait avoir de graves ennuis et perdre son emploi.

Sa vie était ici: il avait trois enfants et se sentait tout à fait américain. Je sais qu'il devait penser avec beaucoup de tristesse à notre mère, car il était son fils préféré, mais nous faisions l'un et l'autre le silence sur nos parents. Les échanges de lettres étaient nombreux et les événements nous interdisaient le moindre espoir d'aller là-bas.

Wou-waï avait quitté la Chine peu de temps avant mon départ pour la France. Il était doué pour les sciences, et mon père souhaitait qu'il fasse ses études au MIT. Nous avions en commun des souvenirs d'enfance, de rivalité, pour gagner l'amour de notre mère. Je ne pense pas qu'il s'intéressât à ma peinture. Sa mort, en 1979, d'un cancer à la gorge qui l'a emporté en quelques mois, m'a étourdi de stupeur. Je suis resté plusieurs jours prostré, incapable d'accepter sa disparition. Peut-être ai-je, à partir de ce moment-là, basculé dans un certain désordre psychologique que j'ai eu beaucoup de mal à surmonter. Je suis resté pendant longtemps bouleversé par cette disparition qui me donnait un avant-goût de la mienne.

Cette mort s'ajoutait à celle de mon plus jeune frère.

En 1974, on l'avait retrouvé asphyxié dans son lit par les émanations d'un poêle à charbon. Il n'avait que trente-six ans.

Il vivait avec sa femme et ses deux enfants en Mandchourie. Brillant intellectuel, il était aussi d'une grande beauté. Grand et mince, comme le sont les Chinois du Nord, il avait un regard bon et joyeux dans un visage viril aux traits réguliers. Son succès auprès des femmes était notoire ; professeur, il faisait l'admiration de ses élèves. Que lui est-il *réellement* arrivé ? Je ne sais si l'on ne m'a pas caché les véritables raisons de sa mort. Lorsque j'ai quitté la Chine, c'était un petit enfant. Ma mémoire à son sujet est bien confuse. Que me reste-t-il de lui, en propre, de ce qui ne m'a pas été raconté dans des lettres ? Si peu...

Je rejoignis Pierre et Colette Soulages pour une exposition de peinture de Pierre chez Sam Kootz. Cette galerie avait bonne réputation et il était important d'exposer à New York, où l'on faisait si peu de cas de la peinture de notre génération.

Le rejet de ce que l'on a appelé l'« École de Paris » était tel que montrer de la peinture européenne dans cette ville témoignait, de la part de Sam Kootz, d'un grand courage.

Au vernissage je rencontrai Frantz Kline et Gustom Philipp. J'allai visiter de nombreux ateliers et fis la connaissance de Conrad Marco Relli, Gottlieb, Baziottes, James Brooks, Hans Hoffman. Pollock était déjà mort. Je connaîtrais plus tard Rothko et Barnett Newman qui sont venus me voir dans mon atelier. Je conserve de Barnett le souvenir d'un homme d'une grande générosité et d'une chaleur à mon égard que je n'ai jamais oubliées.

Je découvris avec plaisir leur travail. Cette peinture éclatait de spontanéité, avec violence et fraîcheur. J'aimais le côté physique des gestes qui jettent la matière sur la toile, comme s'il n'y avait ni passé ni tradition.

Moi, pendant ce temps j'avais quitté Paris dans un état psychologique épouvantable, j'étais embourbé dans des paysages et des sujets qui n'en finissaient pas de se diluer en traits et signes illisibles auxquels je ne comprenais plus rien. Comme me l'avait dit Fernand Léger en voyant mes tableaux, je faisais une peinture dans le brouillard. Il m'avait blessé, mais il avait raison.

Après New York, je repartis avec Colette et Pierre pour Chicago, San Francisco, Hawai, le Japon et Hongkong. Leur compagnie fut un enchantement de bonne humeur, de rires et de camaraderie fraternelle. Au fil des années, cette amitié n'a fait que se renforcer et il ne se passe pas de semaine sans que j'échange avec eux de longues conversations téléphoniques, parlant de tout et de rien, dans une confiance qui me fait souvent dire qu'ils sont mes frère et sœur, comme c'est l'usage en Chine pour qualifier ses meilleurs amis.

Ils continuèrent leur voyage vers l'Inde. Je restai à Hongkong chez un ami de mon père : Cha Chi-Ming. J'étais seul et je me sentais mal. On me présenta une femme d'une extraordinaire beauté.

Je l'ai tout de suite aimée. A la perfection des traits du visage se mêlait quelque chose d'infiniment fragile et de douloureux qui me fascinait. Originaire du sud de la Chine, May n'avait jamais quitté Hongkong. Elle ne parlait ni l'anglais — sauf quelques mots — ni, bien sûr, le français. Elle exerçait sans grand enthousiasme son métier d'actrice de cinéma, et élevait avec beaucoup de difficulté ses deux enfants. Je n'ai pas eu beaucoup de mal à la convaincre d'abandonner ce travail et de tout quitter pour me suivre. Nous pensions qu'il suffisait de nous aimer !

Je retrouvai alors mon énergie et peignis sur place neuf tableaux. Je n'en conserverais que quatre et détruirais les autres.

Je songeais à Paris avec plaisir mais appréhendais le retour. Je n'avais pas cessé de peindre, embourbé dans de multiples problèmes.

Ma peinture était dans un grand désordre. Ce fut alors, je le pense maintenant, un passage nécessaire. Empêtré dans des contradictions, j'étais obligé de les résoudre, menacé par l'asphyxie.

J'ai avancé au gré d'une violence qui m'habitait sans me départir de mes projets. Être peintre, comme je l'ai souvent dit à mes élèves, c'est accepter d'avoir une vie cyclothymique. Un jour on est content, un autre on est triste, mais il n'y a pas de place pour la dépression. Je n'ai jamais été abandonné par la force de peindre, je n'ai pas connu le goût de la fuite ou de l'abandon.

Aujourd'hui, si je prends la peine de parcourir à nouveau le chemin, je crois qu'il fut cohérent, du moins fidèle à mes exigences premières, sans chercher à escamoter les difficultés, à tricher avec la part en moi du savoir-faire et du besoin de m'en défaire pour inventer autre chose. J'ai avancé par étapes, et je reconnaîs avoir usé de toute ma connaissance de la peinture chinoise pour exprimer ce que j'espérais. Les modèles que me proposait le monde extérieur ne me suffisaient plus. Sous la représentation de la réalité je voyais surgir des figures, des traits qui me tiraient vers ce que je savais des signes appris dans mon enfance, mais dont je ne voulais pas. Alors, dans ces moments de contradiction extrême, il me restait à m'abandonner au plaisir de la peinture.

Je continuais à donner à mes tableaux des

titres narratifs: *Jardin de mon père, Foule noire, Avant l'orage, l'Incendie, Traces dans la ville, le Fleuve, Montagne déchirée.* Pourtant bien loin de moi était l'idée de raconter des histoires!

J'appris la mort d'un ami d'enfance qui habitait Xao-Chow. Je fis un tableau, en hauteur, à sa mémoire, que j'intitulai *Stèle pour un ami.* Je repensais à ces objets que je connais bien pour leur porter une grande vénération: les bronzes du XVIe au XIIIe siècle avant J.-C., objets de culte que l'on dépose dans la tombe des morts pour les accompagner et qui sont parmi les plus beaux qu'ait inventés l'âme chinoise. Dans leur fond sont gravés des caractères qui indiquent le nom de la personne à laquelle ils sont dédiés, la façon dont ils sont fabriqués et leur fonction.

En peignant ce tableau, je me rappelais ces objets et sur la toile je traçais des caractères comme sur une stèle que la mémoire de ma main inventait en pensant à mon ami.

Bien sûr ces signes ne signifiaient rien. Je les chargeais du pouvoir d'évocation de ces idéogrammes qui sont réellement gravés sur les bronzes. J'avais ainsi le sentiment de le vénérer: la forme même du tableau rappelait celle d'une stèle, et l'enchevêtrement des traits du pinceau, souvent très épais et noir, accentuait le caractère dramatique que je voulais donner à cette toile.

Plus tard j'appris que mon ami n'était pas mort, qu'il s'était caché pour échapper aux persécutions du régime. Lorsque, bien des années après, je lui ai envoyé une photographie du tableau, il a beaucoup ri de cette histoire — comme tous mes camarades chinois savent le faire, pour dissimuler l'émotion.

Je n'ai peint, quelque temps après, que trois tableaux dans cet esprit : l'un, *Ville engloutie*, exprime la fin de ma relation avec ma première femme, Lalan. Il porte en lui cette même impression de mort, l'engloutissement de mes sentiments dans une certaine douleur.

Plus tard, je ferai d'autres tableaux à la mémoire de mes amis : la vénération des morts est un rituel que je porte en moi. Je le fais par nécessité, pour accompagner l'âme de ceux, disparus, qui continuent ainsi de vivre à travers mes tableaux.

A mon retour de Hongkong, de nombreux amis pensaient que j'avais abandonné la peinture et disparu. Ce n'était pas réellement faux. Mais je revenais, la colère au cœur, avec une grande énergie pour me remettre au travail.

C'était la fin d'un cycle dans ma peinture et

surtout la découverte d'une autre étape irréversible : je voulais peindre ce qui ne se voit pas, le souffle de la vie, le vent, le mouvement, la vie des formes, l'éclosion des couleurs et leur fusion.

A propos de *Mistral,* peint en 1957, F. Cheng * a écrit qu'il «clôt la série terrestre et annonce une phase nouvelle». J'avoue que je l'ai ressenti ainsi, peut-être confusément d'ailleurs mais avec la certitude que j'allais voir le monde différemment. Rien ne s'est fait soudainement : en 1954, j'avais peint un tableau en hauteur, et l'avais intitulé *Vent.* Ce fut le premier tableau qui ne racontait rien, si ce n'est l'évocation du bruissement des feuilles, ou du moutonnement de la surface de l'eau au passage de la brise.

«J'étais entré dans une corne de buffle», comme le dit si bien le proverbe chinois, la tête en avant.

Mon geste inventait sur la toile les caractères archaïques, tantôt appuyés et épais, tantôt incisés, à la manière de Klee, dans un espace discontinu que je ne parvenais pas à unifier. Je voulais me débarrasser de ma culture d'adoption. Je me sentais écartelé.

Mon univers de travail me paraissait de plus en plus petit. J'étais comme la grenouille dans

* Catalogue de l'exposition du Grand-Palais, 1981.

un puits qui n'aperçoit du ciel que ce qui lui est donné à voir : une infime partie. Pourtant, dans mon cœur, dans ma tête, même si rien n'arrivait à répondre à mes exigences, je travaillais sans cesse. Ce fut le seul moment de ma vie où j'ai travaillé la nuit : j'étais affamé de création. Je ne pouvais plus m'arrêter tant ce que j'avais à dire se bousculait en moi ; dans la confusion. La peinture fut un refuge, c'était le seul dialogue que je pouvais établir ou plutôt le seul «être» auquel je pouvais confier mon angoisse et ma colère.

Lorsque j'ai connu Lalan j'avais quinze ans, elle en avait quatorze. Elle était bien sûr la première jeune fille que je rencontrais. Nous nous sommes vus en cachette ; son père, très autoritaire, lui interdisait la fréquentation des garçons. Sa mère mourut et comme nous n'habitions pas la même ville, je voulus aller la voir. Elle était petite et douce, assez effacée, très «femme chinoise» — comme les Occidentaux les imaginent. Pour faire nos études dans la même école, nous avons dû nous marier. Embrasser une femme à cette époque, c'était déjà s'engager, ce que nous fîmes, sans savoir rien de la vie, de l'amour non plus.

Nous avons vécu seize ans ensemble, dans la sérénité quotidienne. Mais était-ce une véritable harmonie ? Il faut croire que non, puisqu'elle préféra un autre homme. M'en souvenir aujourd'hui ravive encore cette blessure.

Pourtant, curieusement, cette rupture dans ma vie sentimentale ne m'empêcha pas de peindre. Je compris peu à peu que ce que je peignais ressemblait à ce qui se passait en moi. Je me surpris à imaginer, en regardant les tableaux terminés, qu'ils exprimaient de la colère, de la tranquillité ou de la violence puis de nouveau le calme. Ma peinture devint affective, car j'y affichais sans pudeur sentiments et états d'âme. Il n'était plus nécessaire de trouver un autre sujet, ni de s'imposer le choix d'une couleur pour travailler : ce qui rendait compte de ma colère ce n'était pas l'emploi de telle ou telle couleur mais leur rapport entre elles, la façon dont elles se mélangeaient, s'opposaient, se déchiraient, s'aimaient. Je fus débarrassé de l'idée de couleurs préférées : elles se valaient toutes et leur qualité dépendait des combinaisons que je leur imposais. Je me rendis compte qu'il n'était pas nécessaire de poser les objets, les signes dans l'espace, comme je l'avais fait précédemment. Il n'y avait plus de frontière entre le signe et la couleur, et me fut révélé le problème de la profondeur de l'espace par la conjonction des diverses tonalités.

Alors je n'eus plus besoin de créer des signes qui étaient autant de points de repère et de limites dans la compréhension du tableau : mon sujet d'inspiration c'était ma réalité intérieure, exprimée au gré de mon plaisir ou de mon déplaisir par le maniement de toutes les couleurs, devenues entre elles équivalentes.

Je décidai de ne plus donner aucun titre à mes tableaux.

Depuis 1958 j'inscris au dos la date à laquelle j'estime qu'ils sont terminés.

Cette même année, je peignis un tableau que j'intitulai simplement *Peinture* : il exprime le rayonnement et l'intensité du sentiment qui m'habitaient lorsque je trouvai l'amour, je veux parler de ma rencontre avec May, ma seconde épouse.

Certes, ce que je cherchais n'arriva pas du jour au lendemain ; mais en reconnaissant la réalité de la vie des couleurs, je posais la question de l'introduction du mouvement et butais sur un vrai problème pictural. Le sujet, c'était l'exercice de ma propre liberté, de ma capacité à me défaire des principes acquis, à inventer des alliances, sans autre souci que celui de mon exigence intérieure. Et dans ce domaine, je n'avais à recevoir de leçons de personne, tant je la jugeais forte et grande.

J'avais trente-huit ans et j'étais un passionné. Je me souviens être retourné au Louvre pour voir Géricault et Delacroix. Je regardais leurs tableaux en faisant totalement abstraction du sujet.

J'avoue, sans complexe, avoir fait une peinture romantique qui m'apporta de très grandes joies et la plus forte, celle de peindre de la peinture.

Mes amis, historiens d'art ou conservateurs de musée, disent que c'est à partir de 1954 que je suis devenu, comme on dit, un «peintre abstrait». Je n'ai pas cherché à l'être. Le problème d'abstraire ma peinture de l'influence de la réalité s'est imposé comme une nécessité.

VII

Pendant ce voyage à travers le monde, mon atelier de la rue du Moulin-Vert reçut la visite de deux marchands : Myriam Prévost à qui j'avais laissé une clé et Sam Kootz, amené par Georges Mathieu.

Il n'est pas possible de se souvenir des années soixante sans évoquer le personnage de Myriam Prévost, sa silhouette et sa voix. Sa vitalité et son culot, sorte de compensation à une petite taille dont elle souffrait secrètement, l'aidaient à afficher une assurance masculine et à faire oublier l'ingratitude de ses traits dissimulés derrière d'énormes lunettes. Sa voix rauque, ses éclats de rire restent dans ma tête et j'ai du mal, aujourd'hui encore, à m'imaginer le corps de cette femme retrouvée, un matin de juillet 1977, dans la cour de la Galerie de France, rue du Faubourg-Saint-Honoré.

Je l'avais rencontrée chez Pierre Loeb. Lorsqu'elle apprit que mes rapports avec lui n'étaient pas excellents, elle vint me proposer avec Gildo Caputo, autre personnage légendaire de cette époque, de travailler avec eux. J'acceptai, mais me voyais mal affronter les reproches de Pierre.

Ils se mirent d'accord, en mon absence. Je fis ma première exposition à la Galerie de France en 1957, et à partir de 1960, Myriam organisa de nombreuses expositions en France et à l'étranger dans des galeries ou des musées. Je lui dois beaucoup car sa constance à présenter et vendre mes œuvres me fera connaître hors de France, en compagnie de Hans Hartung, Pierre Soulages, Alfred Manessier, qui me permettront de trouver une place dans cette génération, connue bien avant moi.

J'ai retrouvé dans une lettre que m'écrivit Alfred Manessier en juin 1960 l'esprit dans lequel je fus accueilli, ce que les historiens appellent l'«abstraction de l'après-guerre» et qui exprime ce que j'ai représenté pour mes compagnons de route, qui ne me connaissaient en fait que depuis peu de temps.

«Paris, le 17 juin 1960

Très cher Zao Wou-Ki,

Je ne veux pas partir en Italie sans vous écrire un petit mot.

J'ai passé ce matin un bon moment avec vous, dans ce merveilleux silence des galeries, en dehors des vernissages.

J'ai essayé de vous écouter, de m'ouvrir le plus possible à ce que par la peinture (ce langage pour les infirmes de la communication que nous sommes) vous vouliez me dire d'essentiel, et je crois pouvoir vous dire que, tout en accusant votre forte personnalité et différence avec nous, avec moi, il y a une grande unité humaine que j'ai ressentie.

C'est tellement merveilleux de pouvoir se dire : voilà un homme tellement différent, hanté par un monde, un passé, une race, un paysage, une lumière que j'ignore et au travers de cet inconnu, de ce monde inconnu, voilà que je suis touché par quelque chose que je connais, que je reconnais, voilà un homme qui me ressemble, malgré les apparences, et dont le monde intérieur n'est pas si loin du mien.

Je vous remercie de m'avoir fait sentir cela ce matin — vos tableaux sont très beaux —, vous savez combien j'avais admiré votre dernière exposition, et combien je vous avais parlé franchement, à ce moment (votre côté habile dominé), je crois qu'il y a encore plus de vérité maintenant et celle-ci continue bien celle-là.

Mon opinion ne vaut peut-être pas énormément, le peintre est tellement enfermé dans son monde qu'il est peut-être mauvais juge pour un autre (l'étant déjà très mauvais pour lui-même), mais je crois pouvoir vous dire que vous êtes en dépassement sur tout ce que vous avez déjà fait.

Faites votre bon souvenir, etc.

Votre ami,
Manessier. »

En 1957-1958, Alfred Manessier était déjà connu. Il avait obtenu plusieurs grands prix, dont celui de la Biennale de Venise. C'était le lieu où se retrouvaient marchands de tableaux, conservateurs de musées, grands collectionneurs, historiens et critiques venus du monde entier. Le participant était choisi par un commissaire officiel représentant son pays d'origine. La Biennale a lieu à l'automne et c'est un merveilleux prétexte pour revoir la ville. C'était une atmosphère de fête et de compétition où souvent les engueulades entre peintres et critiques allaient bon train, jusqu'aux empoignades parfois, les effets du whisky ou de la vodka aidant.

Ma peinture n'y fut présentée qu'une seule fois, en 1960, avec Hartung, comme invité principal. J'étais dans un groupe avec Henri Michaux et Camille Bryen.

L'événement était propice aux rencontres, mais je m'y sentais figurant. Je n'étais pas citoyen français et ma nationalité était ambiguë.

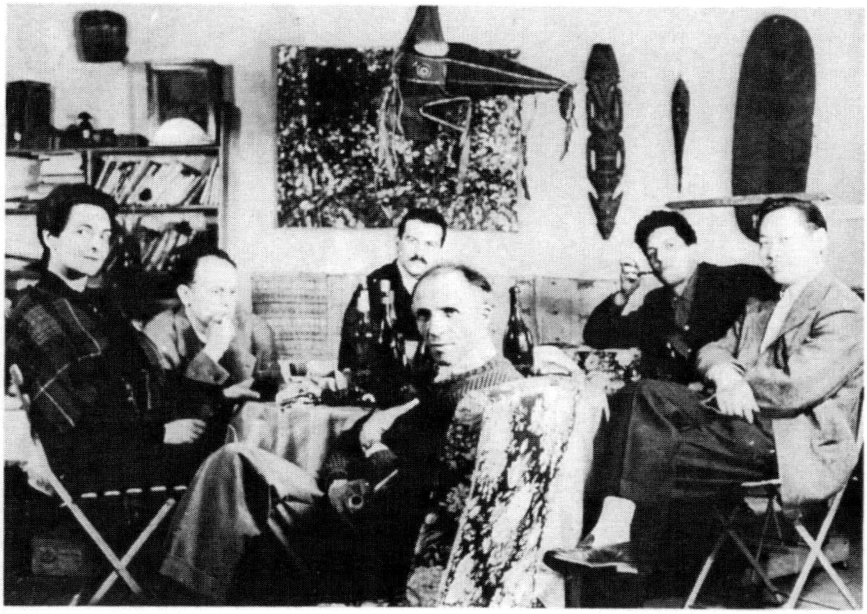

1951, la Galerie Pierre (Loeb) ; Vieira da Silva, Jacques Germain, Georges Mathieu, Pierre Loeb (au centre), Jean-Paul Riopelle et moi. *(Droits réservés)*

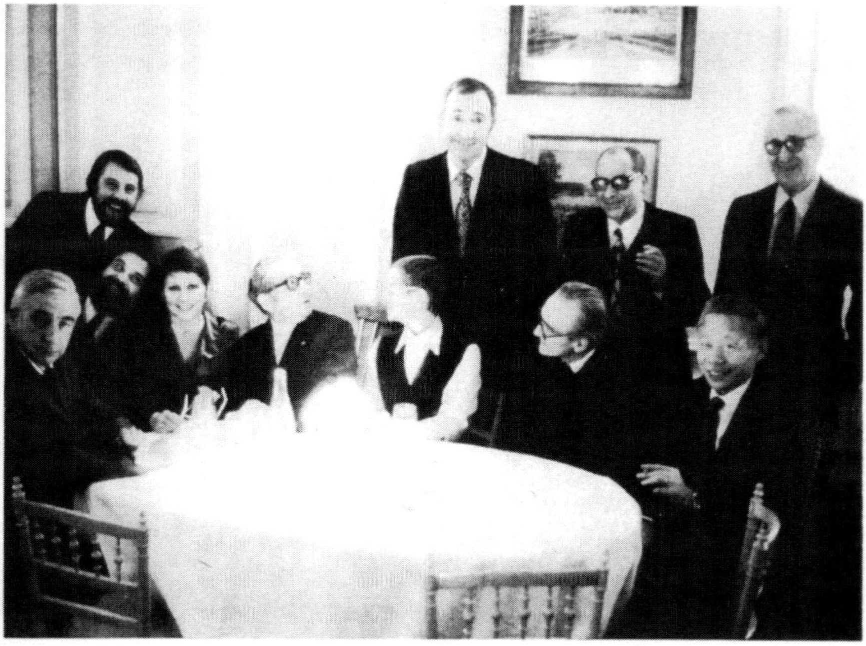

La Galerie de France vers 1956 ; Gustave Singier, Jean Pollak, Silva, Mme Pollak, Hans Hartung, Myriam Prévot, Reynold-Arnould, moi ; debout : Pierre Soulages, Gildo Caputo, Raymond Herbet. *(Photo André Morain)*

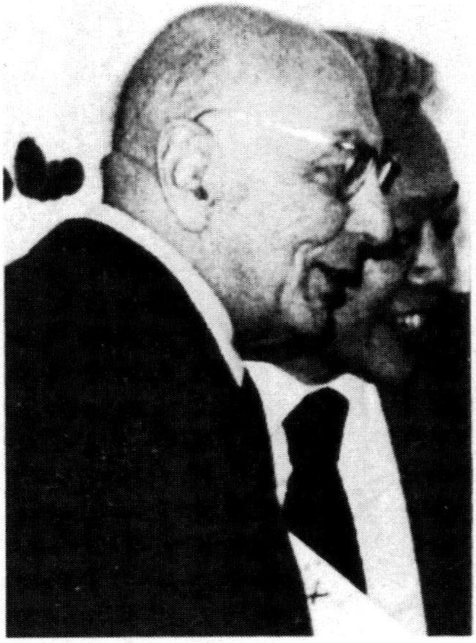

Henri Michaux et moi. *(Photo Sin-May Zao)*

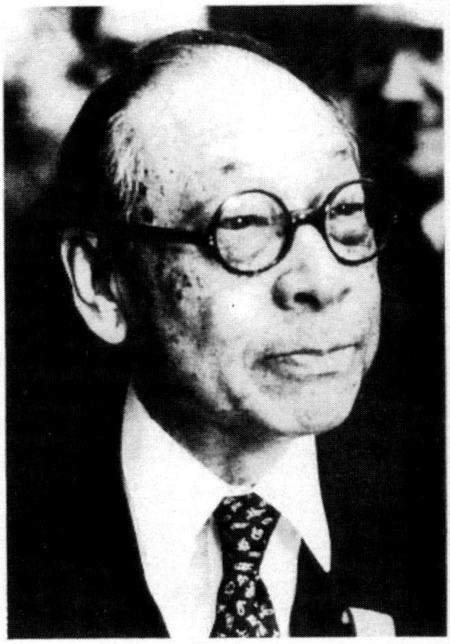

I. M. Pei. *(Droits réservés)*

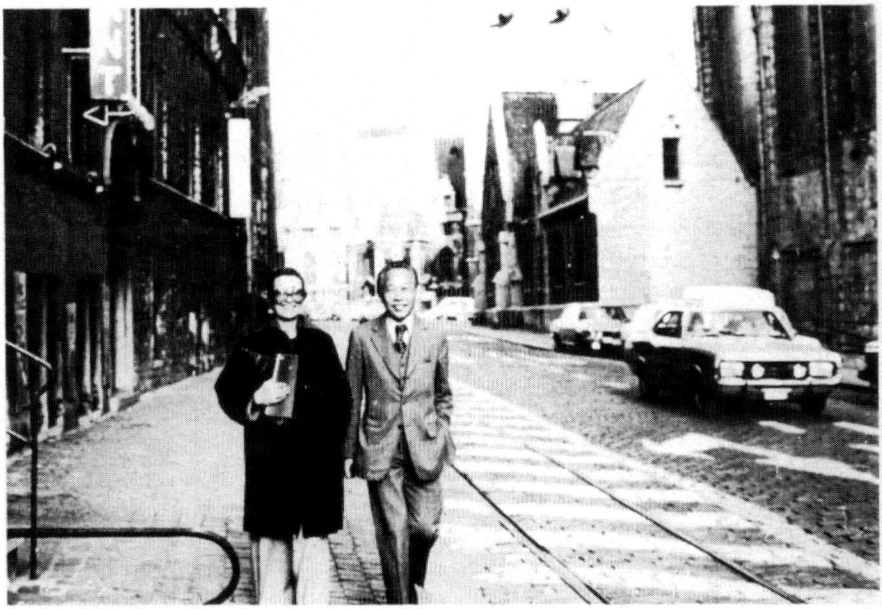

Myriam Prévot et moi, en 1977, à Strasbourg. *(Photo Sin-May Zao)*

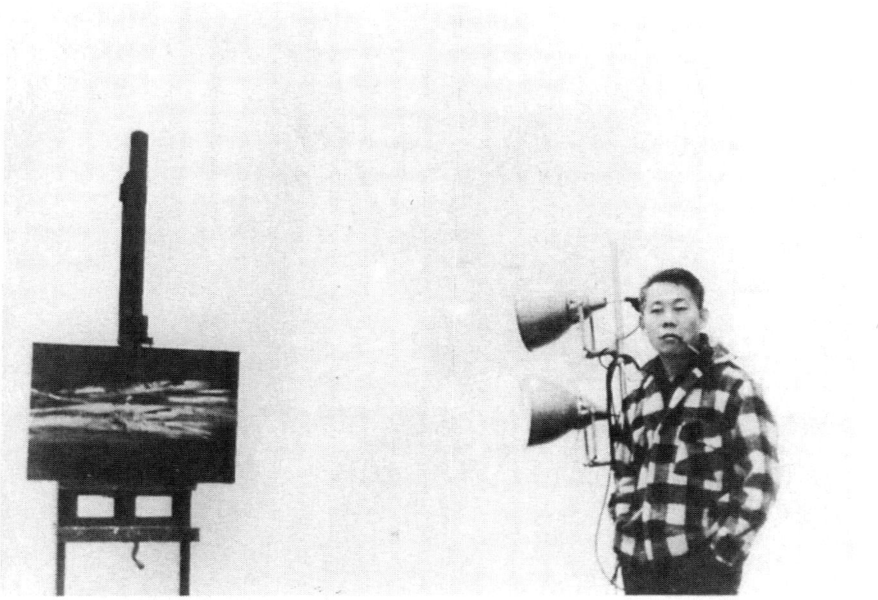

1963. *(Droits réservés)*

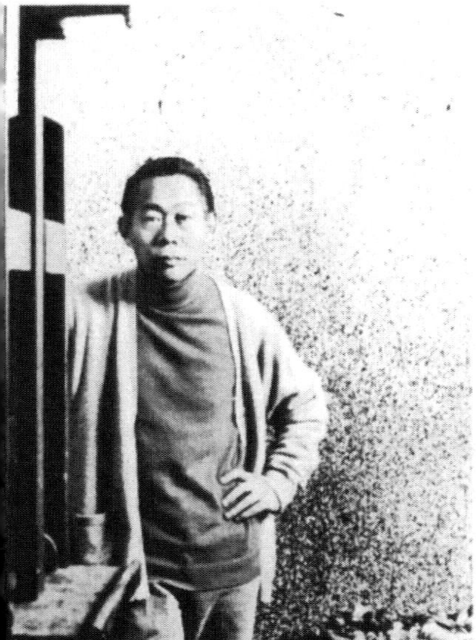

1976. *(Photo Claude Ferrand)*

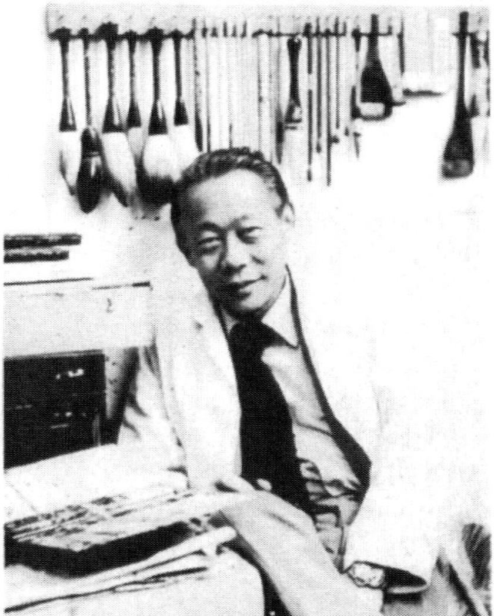

1979. *(Photo François Walch)*

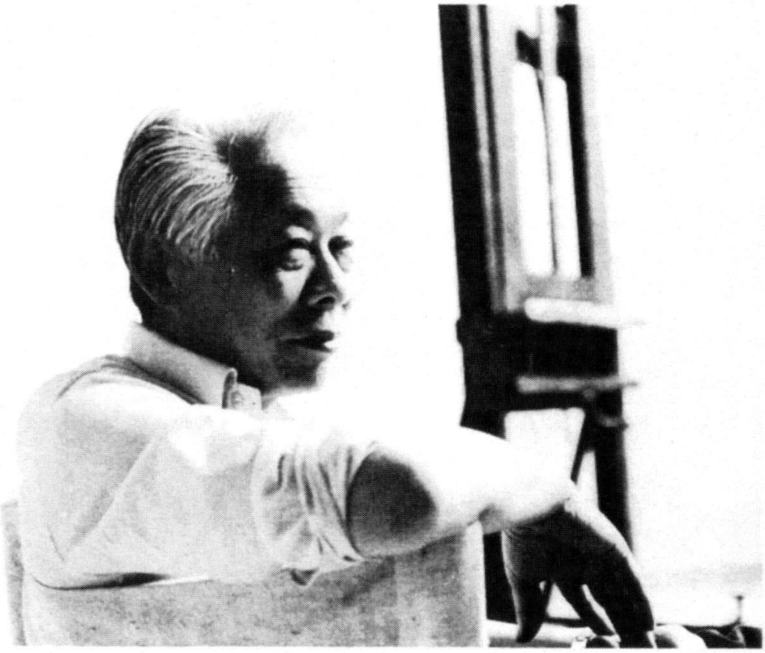

1982. *(Photo Daniel Abadie)*

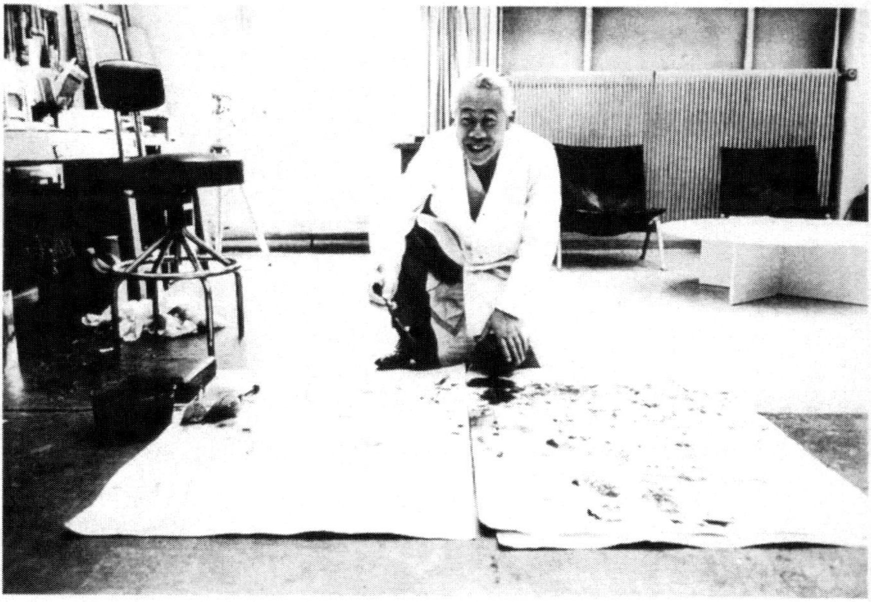

1984. *(Photo Ulf Andersen)*

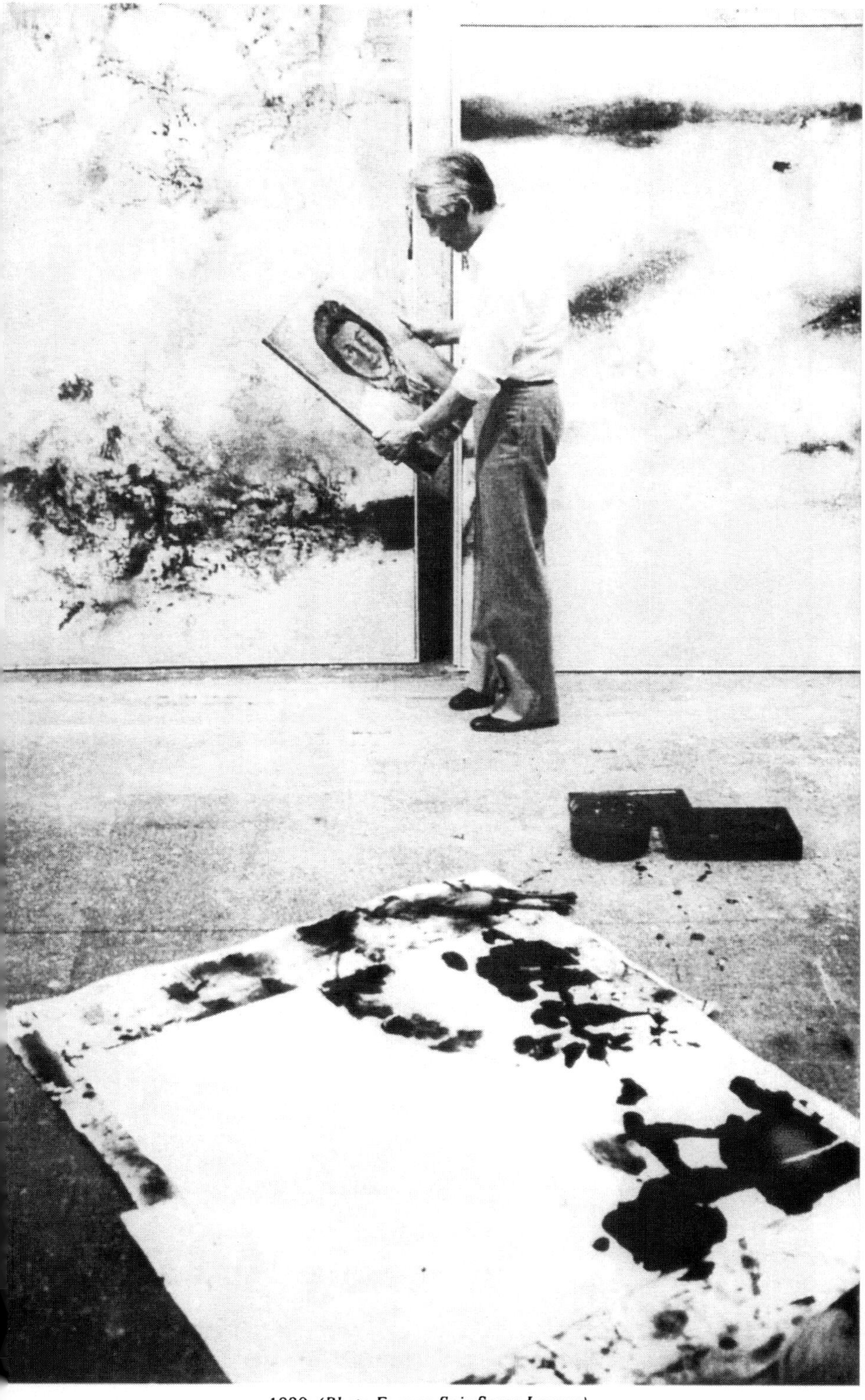

1980. *(Photo France-Soir Serge Lansac)*

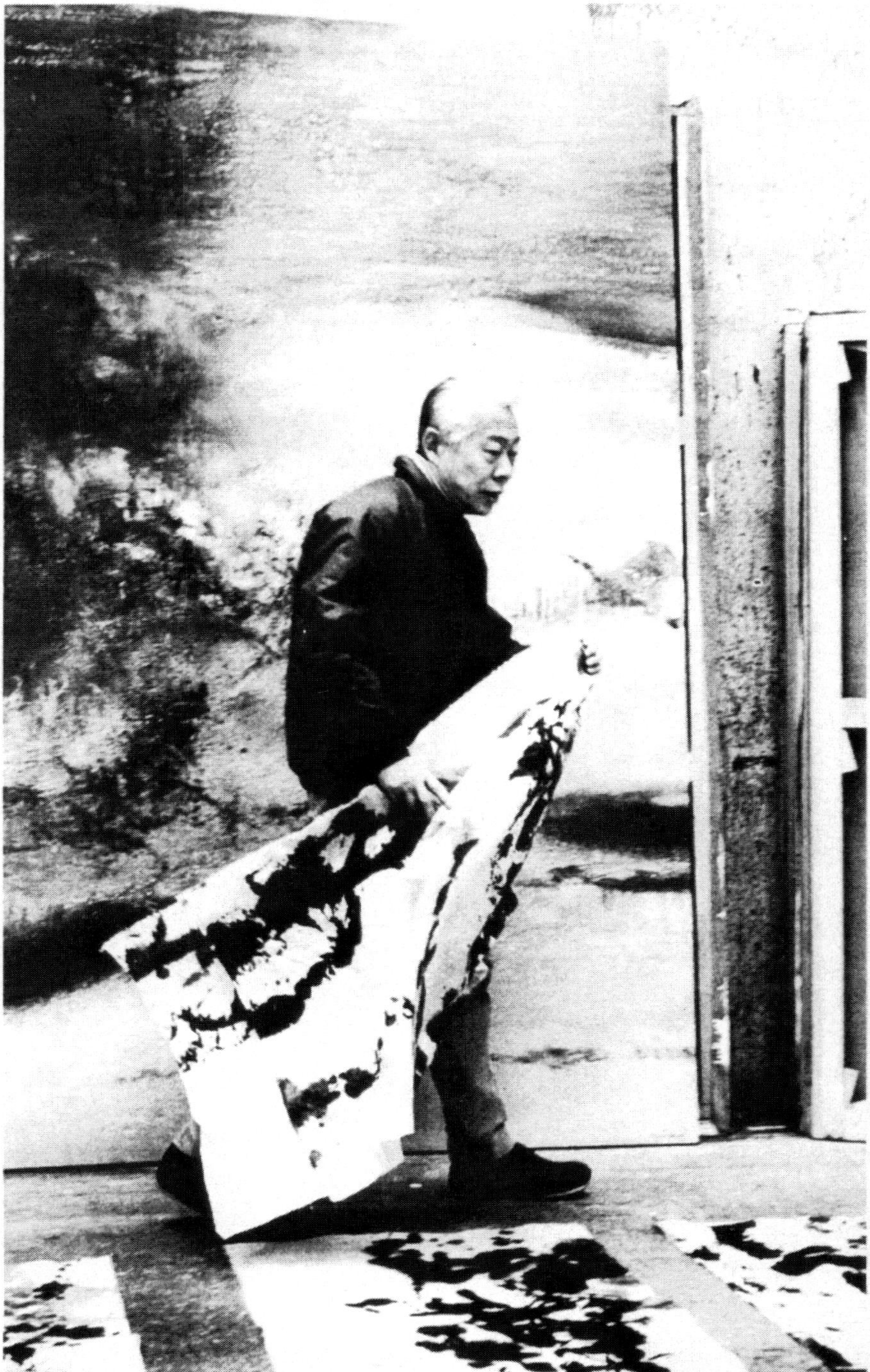

1982. *(Photo Martine Franck - Magnum)*

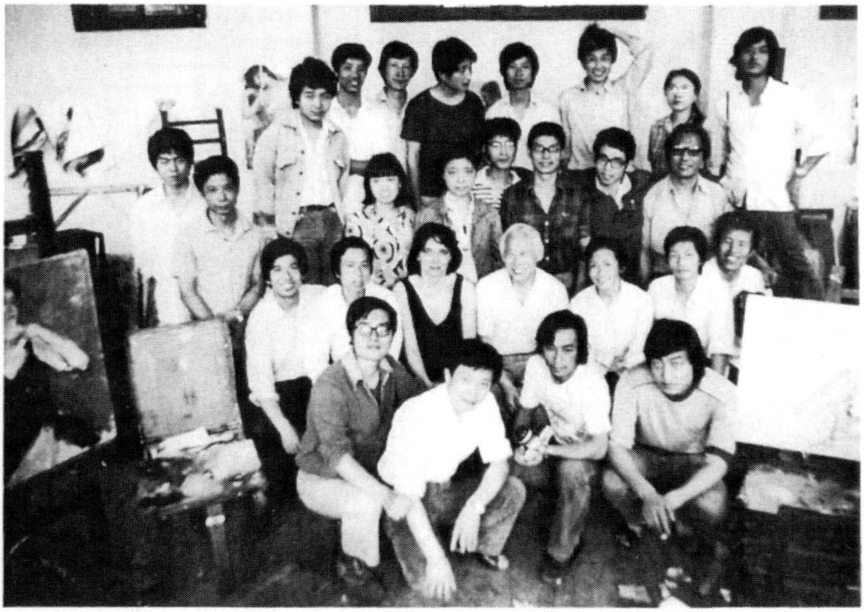

Académie des Beaux-Arts de Hang-Tcheou, 1985. *(Droits réservés)*

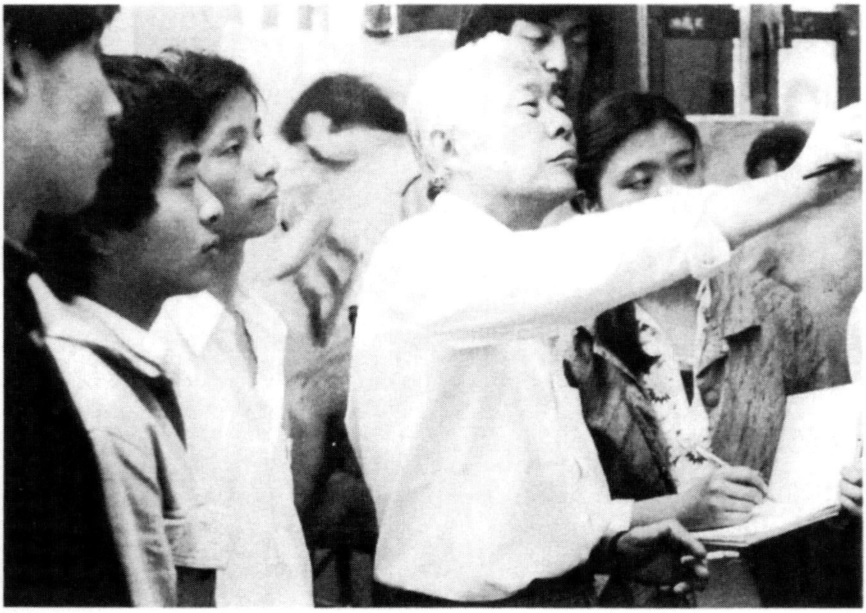

On corrige. *(Droits réservés)*

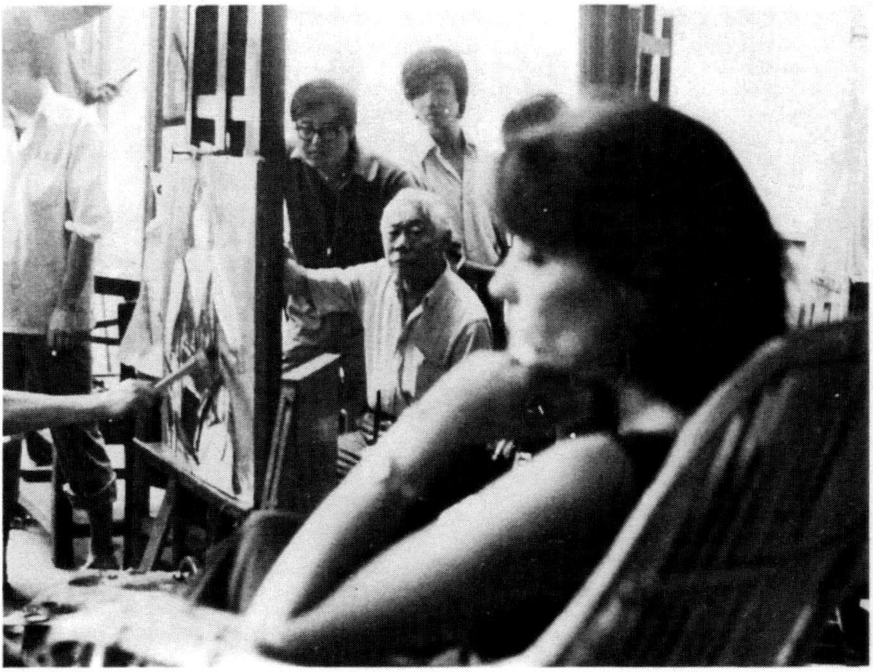

1985, Françoise Marquet pose comme modèle. *(Droits réservés)*

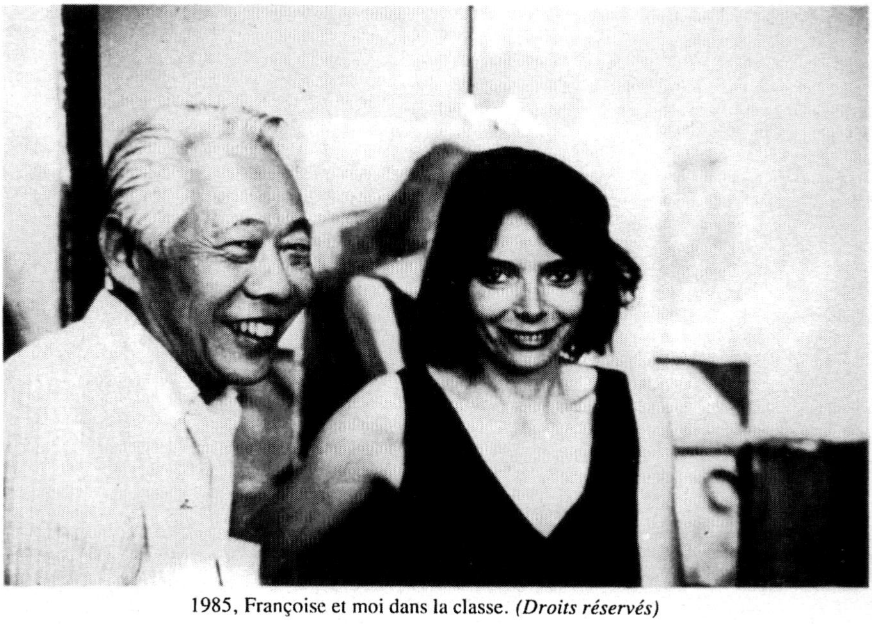

1985, Françoise et moi dans la classe. *(Droits réservés)*

Je n'avais pas l'impression d'appartenir à un pays, de le représenter, d'être solidaire d'un groupe ou d'un mouvement : je me voyais en réalité comme un étranger. A mes yeux, certains peintres étaient faits pour gagner des prix, d'autres pas. J'en souffrais et cela demeure vrai, même si j'ai épousé une Française !

Le premier nom qui me vient à l'esprit lorsque j'évoque cette période est bien Alfred Manessier. Dans son regard rieur, qui sait aussi être ferme et entêté, il y a de la générosité, sans l'attente de l'échange. C'est un être profondément bon, comme sa femme Thérèse. Cet état de bonté s'accompagne d'une indéniable impression de ferveur qui fait dire d'Alfred qu'il est un peintre mystique. C'est ainsi qu'il faut le comprendre, même si l'on ne sait rien de lui. Sa peinture lui ressemble : elle est habitée par une lumière intérieure et je l'associe aux cantates de Bach et de Haendel. Tantôt sourde, tantôt lumineuse, toujours musicale, elle fait résonner dans ma tête des sons d'orgue et de violoncelle, proches aussi des mélodies de Vivaldi. Elle est construite comme une partition pleine de variations, de contrastes, et d'accords où alternent silences et moments forts. Je n'y vois pas de message. Elle m'évoque tout simplement de la peinture, dans ce qu'elle a de plus sincère.

Hans Hartung et Pierre Soulages venaient de chez Louis Carré, marchand judicieux qui avait aussi dans ses réserves Estève, Poliakoff et Gérard Schneider; Giacometti, Miró et Chagall étant avec Aimé Maeght, et Nicolas de Staël et Riopelle chez Duboug.

Je n'ai guère connu Nicolas de Staël. Il était grand et beau, mais nous n'avons jamais parlé de peinture. Je l'ai rencontré, en fait, grâce à Pierre Boulez. Je me souviens surtout de son agressivité à l'égard de Georges Mathieu. Il vendait mal sa peinture et pour vivre se promenait avec celle des autres sous le bras, jusqu'au jour où le marchand américain Rosenberg le fit connaître aux États-Unis.

J'ai souvent parlé avec Poliakoff. Je ne peux dissocier sa peinture de ses paroles: «Dans ma peinture, je cherche les vibrations des couleurs, je commence les quatre côtés en même temps en cernant petit à petit le milieu. Je fais toujours mes tableaux de cette façon.»

Il parlait mal le français et ne s'exprimait que par bribes de phrases. J'aimais beaucoup sa chaleur bien qu'il fût distant, comme Estève. Nous prenions souvent le thé, rue de Seine.

Hans Hartung m'a toujours traité comme un jeune peintre, il le fait aujourd'hui encore, mais je ne manque pas de lui rappeler, en riant, que le temps a passé. Lorsque j'entrai à la Galerie de France, il était connu. Son œuvre avait atteint la maturité. J'étais flatté de son amitié et du temps qu'il me consacrait lorsqu'il venait à mes expositions.

Claude Roy acheta sans me connaître — en 1949 —, une des premières gravures faites en France, qu'exposait Bernard Gheerbrandt dans sa librairie-galerie du boulevard Saint-Germain, La Hune, qui fut, dans les années 1950, un lieu où nous aimions nous retrouver pour feuilleter les livres d'art et les revues qui s'intéressaient à notre génération.

Notre amitié fut tout de suite fraternelle. Pourquoi? Nous parlions des mêmes choses, nous étions en harmonie. Quarante ans plus tard, rien n'a changé. Je me souviens d'une lettre qu'il m'écrivit l'été 1956, en vacances à l'île de Ré, exprimant simplement ce que notre amitié nous apportait: «As-tu bien travaillé cet été? Je vis depuis trois mois avec des photos de tes tableaux et tes gravures, et elles me rendent de plus en plus heureux...»

Mais je crois qu'au-delà de cette amitié réciproque il a voulu lire et voir en moi un modèle de recherche de l'harmonie entre l'Orient et l'Occident, ce qu'il a appelé «un démenti modeste et définitif, donné à toutes les mystifications pernicieuses sur l'opposition radicale des cultures, sur l'incompatibilité fondamentale de l'Occident et de l'Orient».

Son honnêteté et son courage à se remettre en question, ne serait-ce que par rapport au jugement porté sur la Chine, ou à sa maladie dont nous n'avons jamais parlé, me laissent penser qu'il a toujours cherché à établir entre lui et le monde l'harmonie qu'enseigne l'éducation chinoise, alors que j'ai très couramment trouvé parmi mes amis les plus chers ce sentiment de porte-à-faux typiquement occidental qui empêche, à mon sens, la réalisation de cette harmonie. C'est à travers l'identification de ce besoin d'harmonie vers laquelle nous essayons de tendre l'un vers l'autre que je situe la reconnaissance immédiate de notre amitié.

Malgré le temps qui passe je ne peux m'empêcher d'associer à l'amitié de Claude Roy et de Pierre Soulages l'atmosphère des premières années de mon arrivée en France. Et bien audelà, elles sont le symbole de ce qui m'a permis de m'enraciner, parce qu'elles m'ont en permanence accompagné, me tenant lieu de famille affective et de communauté de pensée. Sans cette solidarité dans le temps je ne sais si j'aurais résisté à l'éloignement de ma culture d'origine et aux turbulences de ma vie personnelle.

Mon énergie à peindre m'a tenu lieu de certitude mais j'ai, autour de moi, trouvé à qui montrer mes tableaux sans avoir à les expliquer. Les regards qui m'ont accompagné me donnaient confiance car ils témoignaient d'un talent et d'un espace intérieur pour lesquels j'avais la plus grande estime. J'ignore par quel miracle et quel hasard je ne me suis pas trompé.

A l'automne de 1959, je trouvais, à cinq minutes de la rue du Moulin-Vert, m'éloignant de quelques centaines de mètres de Montparnasse, une petite maison délabrée au fond d'une cour pavée cachée de la rue par un entrepôt inhabitable.

J'étais à l'étroit dans mon atelier où j'étais perpétuellement dérangé. On y pénétrait directement et je redoutais depuis quelque temps chaque coup de sonnette. Mon unique pensée était de me consacrer à la peinture, comme si les années passées me pressaient pour faire sortir de moi ce que j'avais découvert. Aujourd'hui, je vois bien que ces dix années, entre 1960 et 1970, m'ont permis de donner corps à ce long travail que j'avais accompli depuis mon arrivée.

J'étais aussi porté par l'amour. Il ne me restait plus qu'à travailler, travailler. J'en éprouvais infiniment de plaisir, jusqu'à l'épuisement.

J'achetai la maison de la rue Jonquoy et en confiai les travaux de rénovation à Georges Johannet. Je lui demandai de situer l'atelier en étage, sans vue sur la rue, et de ménager dans le petit jardin une pièce d'eau avec quelques poissons rouges.

La maison fut terminée en 1961 : elle était tout à fait conforme à ce que j'en attendais. De la rue, on ne devine rien : un grand mur de béton masque le vie de ce lieu. Au fond d'un jardin où j'ai planté quelques arbres familiers en Chine, comme l'érable ou le bouleau, se trouve la maison où je vis. La salle à manger abrite quelques orangers et citronniers, une plante rapportée de Chine, l'orchidée de riz, quelques orangers que j'arrose chaque matin après avoir regardé attentivement les feuilles.

Jardiner, pour un Chinois, est un passe-temps noble et me rappelle mon père. Dans le jardin, j'ai planté aussi quelques camélias, des rosiers et une rangée de bambous.

Ce lieu me repose : il y a quelques poissons et je les protège des chats qui ont chassé tous les oiseaux. J'ai le sentiment d'avoir recréé là un peu de mon enfance et tout ici m'invite à peindre. L'atelier est une boîte hermétique, je l'ai voulu ainsi. Il est éclairé par la lumière du nord, un peu grise, toujours égale, qui me permet de voir l'intensité de chaque couleur. Les rayons du soleil ne dénaturent en rien les nuances. J'y travaille, en toute tranquillité, même caché de mes amis lorsqu'ils viennent me voir. Il y fait froid l'hiver et chaud l'été, mais qu'importe! Là, je suis au secret et protégé! Car si ces dix années furent, sûrement, celles de l'épanouissement à de multiples points de vue, elles furent aussi celles du malheur. C'est dans cet atelier que je viendrai retrouver mon équilibre: coupé du monde et parfois de mes plus proches.

Pendant ces années, la Galerie de France va multiplier les expositions, faire des échanges avec des galeries étrangères, établir les contacts avec les grands musées et les grands marchands. Ce travail, accompli par Myriam Prévost et Gildo Caputo, fut relayé par mon marchand à New York, Sam Kootz qui, à partir de 1960 et jusqu'en 1967, date à laquelle il ferma sa galerie après la mort de sa femme Jane, organisera une exposition tous les deux ans, me faisant entrer dans de nombreuses collections de musées américains ou chez de grands collectionneurs privés. Je connaîtrai plus tard d'autres grands marchands: Pierre Matisse, Susumu Yamamoto, Jan Krugier. Ils ont ce trait commun de connaître remarquablement la peinture et de l'aimer comme des collectionneurs. J'ai eu avec eux des rapports de confiance et d'amitié qui ont toujours primé le reste. Ils estimaient mon travail, je les estimais, et je ne vois pas que l'on puisse avoir des meilleurs défenseurs. J'ai eu sans cesse le sentiment d'être soutenu, même si aujourd'hui je ne recherche plus sur cette relation.

Ils m'ont permis de travailler en toute tranquillité et de faire connaître ce que je peignais dans la solitude de mon atelier, en toute indépendance. J'ai été, je crois, très favorisé. Lorsque Myriam Prévost mourra, en 1977, la Galerie de France fut sauvée du naufrage par André Rousselet. Même si je l'ai peu connu et rencontré, il fut toujours disponible pour m'écouter.

Je n'ose imaginer ce qui se serait passé s'il n'avait pas été là.

Ce nouvel atelier me permettait enfin de peindre des grands formats. Il m'offrait de l'espace pour avoir du recul et déplacer les tableaux. Je pouvais à ma guise avancer et reculer le chevalet sans trébucher. Je découvrais l'amplitude des gestes. Sam Kootz aimait les grands tableaux et m'y encouragea, ce qui est peu commun pour un marchand, car difficile à exposer, et... à vendre! J'éprouvais une grande joie physique à tartiner de très grandes surfaces, au point d'en devenir obsédé et de ne faire plus que cela!

De taille immense, avec un fort accent du sud, Sam Kootz était avocat. Originaire de Virginie, grand amateur de peinture, il ne s'intéressait qu'à l'abstraction, en dehors de Picasso et de Dubuffet. Il eut une première galerie à New York, en 1947, fermée puis réouverte en 1955-1956, où il exposa pour la première fois Pollock, Motherwell, Rothko, De Kooning, Newman, Kline. Ils étaient tous bien sûr de jeunes peintres et permettaient à Sam de jouer le rôle d'un père. Sam était d'une grande générosité, il nous consacrait son temps en nous emmenant au restaurant ou au concert. Grâce à lui j'ai rencontré beaucoup d'artistes américains ou de conservateurs de musées comme James Sweeney, grand collectionneur de Mondrian.

Habitué par les peintres américains aux grands formats, il a beaucoup acheté et vendu ceux que je produisais alors. J'y pris définitivement goût, au point que pendant des années je méprisai les petits formats. Le temps m'a fait revenir sur cette certitude trop vite acquise. Peut-être, la forme physique n'étant plus au rendez-vous, ne pouvais-je pas comprendre ce que l'on peut trouver dans l'accomplissement du petit tableau.

A partir de ces années je me suis laissé submerger par ma liberté, devenue mon seul guide car je n'avais plus aucun souci d'ordre technique. Je me laissais seulement aller au plaisir de la peinture. Les grandes surfaces me demandaient de me battre avec l'espace; je devais impérativement remplir cette surface, la faire vivre et me donner à elle. Je cherchais à exprimer le mouvement, sa lenteur lancinante ou sa fulgurance, je voulais faire vibrer la surface de la toile grâce aux contrastes ou aux multiples frémissements d'une même couleur. Je cherchais un centre qui irradie : je peignais en larges gestes, utilisant parfois le couteau à palette comme pour écraser la toile et faire mieux pénétrer la couleur à l'intérieur de la surface. Je me sentais à l'aise dans le tumulte des couleurs et l'enchevêtrement des traces fortement appuyées, comme barbouillées. Je n'avais pas encore découvert l'extrême difficulté de peindre le vide, j'étais plus attiré par la violence et le bruit que par le silence.

Vaincre la surface était devenu mon obsession, un défi qui me posait de nombreux problèmes. Chaque jour apportait un nouveau moment de lutte qui me donnait la possibilité de mesurer ma force et mon exigence. Je saurai plus tard que l'équilibre est plus facile à réaliser dans un grand tableau que dans un petit : la débauche des moyens permet toujours de se rattraper là ou ailleurs, de trouver une solution par rapport à l'ensemble que l'on n'embrasse pas forcément en un seul regard. Ainsi, d'une peinture du sentiment, j'étais passé à une peinture de l'espace.

En 1960, on opéra May de la thyroïde. Elle était malade depuis l'enfance, de façon intermittente. Je découvris alors ce dont je ne soupçonnais même pas l'existence: le déséquilibre mental. J'ai gardé en mémoire le regard terrifié de mon ami Michel Ragon que je rencontrai quai des Grands-Augustins, courant derrière ma femme, dominée par un délire de persécution qui la transformait au point d'en être méconnaissable.

J'ai compris, ce jour-là, dans les yeux de Michel, dans quelle situation je me trouvais. Auparavant je l'avais refusé; il fallait bien me rendre à l'évidence.

Toutes ces années furent pour moi, et surtout pour May, un véritable cauchemar. J'ai conservé de cette époque l'image d'un homme en train de se noyer, comme aspiré au fond par une force invincible. Culpabilité et remords ont pris possession de mon esprit. La réalité s'est brouillée au point de ne plus pouvoir distinguer le vrai du faux. Mon amour ne pouvait rien et je la voyais chaque jour s'enfoncer un peu plus dans la maladie dont elle sentait venir les crises, qui la laissaient écrasée de fatigue, prostrée, au point de désirer la mort.

Dans cet univers de solitude et de détresse,

mes arrimages ont été les amis: le Dr Guy Genon-Catalot, Henri et Martine Boileau, Pierre et Colette Soulages, Henri Michaux, Hans Hartung et Ana Eva. Ma vie s'est réorganisée avec ce délire et ils ont été mes points de repère dans un univers qui avait perdu toute référence.

Mon atelier devint le seul lieu de paix où je m'accrochais désespérément comme on s'agrippe au milieu d'une tempête à une minuscule embarcation qui prend l'eau de toutes parts. L'image de ma propre mort s'est cristallisée sur une vision de noyade. Elle n'a toujours pas disparu de mes nuits d'insomnie.

A partir de 1968, mes forces commencèrent à s'épuiser. J'essayais de me concentrer car les mouvements du pinceau me fuyaient. Je cherchais à me reposer dans des espaces vides, à ménager de grandes plages de couleur où retrouver le calme et le silence. Je n'ai jamais cessé de peindre mais, petit à petit, peindre me demandait de plus en plus d'efforts. J'en vins à vivre cette vocation comme un fardeau, alors qu'elle m'avait donné des ailes.

C'est à ce moment de ma vie que je pris l'habitude quotidienne, en fin de journée, de me rendre dans les vernissages pour me distraire ou boire du whisky, à tel point que mes amis, sur l'ordre de mon médecin, m'avaient surnommé Zao Whisky! J'ai cherché une récréation dans les mondanités et l'alcool, pour me protéger de la désagrégation. C'était ma façon de garder pied dans un monde qui s'effondrait. J'avais besoin de préserver une certaine harmonie avec les autres. Car, insidieusement, comme il arrive quand l'alcool entre dans sa vie sans que l'on s'en rende compte, j'eus de plus en plus de mal à peindre au point d'être, après la mort de May, incapable de toucher à un pinceau pendant un an et demi.

Elle mourut en 1972, à 41 ans.

Aussi paradoxal que cela puisse paraître, ces années furent aussi celles du bonheur. May était d'une grande beauté. Elle avait le brillant de l'actrice de cinéma et la gravité de la femme qui connut, malgré son jeune âge, de multiples échecs et tourments. Très intelligente, elle avait aussi conservé la fraîcheur de l'adolescence. Nous nous sommes aimés dans une totale inconscience des problèmes que pouvaient créer l'arrachement à sa culture pour s'établir dans une autre dont elle ignorait tout au point de refuser d'apprendre à parler français. Mais elle comprenait ma peinture par intuition, par instinct même.

Nous avons fait de très beaux voyages, je lui

ai fait découvrir l'Europe. Nous avons visité le Mexique en compagnie d'Olga et de Rufino Tamayo; nous allions souvent aux États-Unis pour mes expositions.

J'ai vécu ces dix années à toute vitesse, à celle où je conduisais mes voitures. Depuis, j'ai abandonné la conduite des Porsche. Je n'ai plus besoin de me presser, il me reste encore assez de temps devant moi pour faire ce que je veux.

Le calme s'est de nouveau installé en moi.

Aujourd'hui je n'aime plus les voyages, bien qu'ils me manquent. Tout ce temps perdu dans les aéroports, les hôtels ou ailleurs, et qui m'éloigne de mon chevalet, me perturbe. Ils ont été une façon de retrouver mon énergie ou de mettre fin à une certaine lassitude ou saturation du moment. Chaque fois que j'ai connu des moments difficiles, je me suis jeté dans un avion, et suis revenu impatient de retrouver mon atelier.

Aujourd'hui ils m'irritent. Ai-je tellement changé?

Dîner avec quelques amis, lire le *Herald Tribune* ou *le Monde* et les livres que mes amis m'envoient, aller voir quelques expositions, jouer une partie de tennis ou faire quelques trous de golf malgré un swing, hélas incertain, voilà les seuls voyages qui peuvent me distraire et me permettre de mieux travailler. Peindre, peindre, la seule chose que je sache faire au monde, qui m'obsède et m'empêche encore de dormir, tant que ce que j'ai commencé n'est pas achevé.

VIII

Au début de 1972, je décidai de retourner en Chine voir ma mère, après vingt-quatre ans d'absence.

J'espérais retrouver auprès d'elle une certaine consolation.

Cependant j'étais inquiet de revenir après tant d'années, sans avoir revu mon père. J'étais habité par un obscur sentiment: celui de me sentir un étranger. En venant en France, il m'avait fallu des années pour me débarrasser de ce malaise; j'en connaissais la ténacité et l'épaisseur, dont seul le temps peut venir à bout. Je ne peux affirmer aujourd'hui qu'il a totalement disparu.

Et cette Révolution culturelle dont on ne savait pas grand-chose si ce n'est l'exotisme, qu'avait-elle réellement fait? Les lettres que je recevais n'y faisaient jamais allusion, si ce n'est qu'un de mes neveux était garde rouge...

L'accueil fut, le moins que l'on puisse dire, bureaucratique. D'abord on m'imposa un guide qui voulait m'obliger à parler français; lui-même le pratiquait si mal que je demandai son remplacement. Le deuxième comprit vite que je ne voulais parler qu'en chinois; il me donnait à longueur de journée des leçons sur l'idéologie maoïste et me demandait sans cesse de visiter des usines ou des communes agricoles. Je refusais mais ne fus pas moins toutefois encombré de sa présence.

Je voulais habiter chez ma mère. Elle était logée assez correctement et avait de quoi vivre. La Banque de France m'avait autorisé depuis plusieurs années à lui envoyer de l'argent chaque mois. Je dus, pour partager son modeste appartement, m'inscrire sur le registre du quartier et rendre compte de mes allées et venues. Le fonctionnaire qui me réceptionna n'arriva pas à lire mon adresse et m'obligea à lui traduire les mots «rue Jonquoy» en chinois. Il lui fallut beaucoup de temps pour comprendre que je ne pouvais qu'en donner une traduction phonétique. Il conserva mon passeport et ma carte d'identité. J'étais citoyen français certes, mais naturalisé.

L'appartement de ma mère n'était pas chauffé et il faisait froid à Shanghai en cette saison: — 10°. Elle dormait les fenêtres ouvertes, quelle que fût la température extérieure. Cet inconfort matériel et le sentiment d'insécurité aidant, j'allai finalement loger dans un hôtel pour étrangers. J'avais chaud et pus récupérer mes papiers.

Tous mes amis étaient en prison. J'étais cependant décidé à voir Lin Fong-Ming, mon professeur et directeur de l'École des beaux-arts de Hang-Tcheou qui m'avait tant aidé. Plusieurs fois je dus me rendre auprès du comité révolutionnaire pour avoir de ses nouvelles. On me répondit chaque fois que je n'avais aucun lien de parenté avec lui et que c'était impossible.

Ma mère ne me parla pas des circonstances de la mort de mon père. Je ne posai pas de questions, par peur de la vérité. Je n'osais pas imaginer qu'on lui avait infligé les scènes d'humiliation auxquelles j'avais assisté plusieurs fois dans la rue : coiffé d'un bonnet d'âne en papier, on était, devant le public, critiqué, injurié, humilié, jusqu'au repentir obligé. J'appris quelques années plus tard qu'il en avait été ainsi : les voisins, les enfants du quartier, ceux de nos anciens employés de maison, avaient été les plus virulents. Notre maison de Shanghai fut pillée et brûlée, avec les peintures de ma jeunesse, ma thèse sur Picasso... Mes parents furent chassés. Ils étaient d'anciens capitalistes et, de ce fait, traîtres à leur pays. Ils se retrouvèrent dans une pièce au fond d'une impasse. Mon père tomba malade, refusa de se soigner et mourut en 1968. De mes trois sœurs, je n'en rencontrerais que deux, la troisième ayant épousé un membre du Parti.

J'emmenai ma mère visiter Pékin, Hang-Tcheou et revoir Wou-Shi, sa ville natale. Nous eûmes des moments de bonheur malgré les multiples démarches pour obtenir les visas nécessaires.

Que dire de la vie artistique d'un pays lorsque les peintres, les pianistes, les violonistes ont dû arrêter de travailler pour aller faire les travaux des champs dans le froid et la pluie?

La peinture? Elle est passée pendant trente ans sous le rouleau compresseur du réalisme socialiste soviétique. Des millions de tableaux, qui auraient pu être faits par la même personne. Ce qui gouverna, pendant ces longues années, ce furent la bêtise et surtout l'ignorance.

En retrouvant mes amis en 1978, j'ai pris toute la mesure du désastre et du gâchis qu'ont été ces longues années: en eux s'est installé le renoncement, celui qui brise et saccage tout à l'intérieur de soi.

Lors de mon premier retour à Paris, en 1972, mon ami Pierre Schneider sollicita pour *l'Express* un entretien sur mon voyage. J'ai tu, volontairement, les misères de la situation laissée par la Révolution culturelle, pour ne parler que de l'aspect positif du règne de Mao, car il était réel : les Chinois mangeaient à leur faim et étaient correctement vêtus. J'ai voulu aussi protéger ma famille et mon fils qui devait un jour ou l'autre, dès qu'on l'autoriserait à partir, venir me rejoindre en France. La situation a commencé à changer grâce à Teng Hsiao-ping.

J'ai pris l'habitude de retourner en Chine chaque année, car la santé de ma mère n'était pas bonne. Le gouvernement chinois changea d'attitude à mon égard et il devint plus arrangeant. Lorsque, en 1975, ma mère était au plus mal, j'obtins mon visa du jour au lendemain ; on me laissa enfin circuler librement.

Pendant ces aller retour successifs en Chine, j'ai pensé à Claude Roy et Agnès Varda. Ce sont les seules personnes vivant en France qui aient connu mon père et ma mère — Claude en 1952, Agnès en 1956. Je sais qu'ils en ont gardé le souvenir car ils me le rappellent quelquefois. Je ne suis pas certain que la visite à mes parents leur ait été bénéfique car il n'y avait pas d'interprète. Mais leur faire raconter ce qu'ils avaient vu m'a procuré un immense plaisir, celui de toucher presque du doigt une réalité que j'ai longtemps espérée et attendue.

Je me souviens d'un poème* de Tchang-tsai, que Claude a cité dans le livre que nous avons fait ensemble, en 1967, sur les estampages Han et qui exprime ce que nous avons éprouvé l'un et l'autre à l'égard de la Chine, à cette époque, dès le début de la Révolution culturelle.

Tchang-tsai est un poète de l'époque Han (200 av. J.-C. — 220 ap. J.-C.). Il évoque les conséquences de la chute de la dynastie Han, renversée par la colère des paysans :

A Pei-mang les tombeaux se dressent vers le Ciel
Par quatre ou cinq dans chaque champ.
Qui sont les hommes qui y dorment?
Tous étaient des seigneurs à l'époque des Han.
Je lis des noms : c'est Koung, c'est Wen.
Le tertre des tombeaux est plein de mauvaises herbes.
Quand la dynastie s'écroula tumulte et chaos se levèrent.
Les assassins et les voleurs rôdaient comme des bêtes.
Ils grattaient la terre des tombeaux,

* *Estampages Han*, le Club Français du Livre, 1967. Préface par Zao Wou-Ki et Claude Roy. Dédié à Zao Han-sin, père de Zao Wou-Ki.

Violaient les cryptes closes, ouvraient les portes secrètes,
Ils arrachaient les fourreaux d'épée précieux.
Ils emportaient les pierres.
Le temple des ancêtres gisait en pièces sur le sol
Et les murs étaient nus après leur passage.
Aujourd'hui partout poussent des buissons d'épines,
Au-dessus du tombeau un enfant paît son troupeau.
Au-dessous des lapins ont creusé leurs galeries.
Personne n'arrachera les mauvaises herbes.
Bientôt les paysans laboureront là-haut
Et on ne verra plus qu'un champ ou un verger.
Là où furent les seigneurs et les milliers de guerriers
Il n'y a plus que la poussière, les collines, les rochers.
Et je suis triste en pensant à ces mots:
Autrefois — maintenant...

En revenant à Paris, en ce mois d'avril 1972, j'étais incapable de peindre et les brumes du whisky qui envahissaient mon cerveau dès onze heures du matin n'arrangeaient rien.

Commencer une peinture à l'huile, c'est avoir achevé toute la préparation mentale pendant laquelle s'entassent pêle-mêle impressions, sentiments, visions de couleurs, nouvelles questions posées par le dernier tableau.

Ça, je ne pouvais le faire: rester assis une journée entière dans mon atelier à réfléchir m'était insupportable.

Alors, pour tromper mes angoisses, je sortais une feuille de papier de Chine froissée, un pinceau et de l'encre et me mettais à la barbouiller. C'était facile car la mémoire des gestes de mon enfance était intacte. Je regardais sans surprise le papier absorber l'eau, le noir se diluer avec le blanc et devenir gris. Avec peu de moyens et d'attention, il se construisait quelque chose à mon insu.

Mais cette expérience fut courte car, intérieurement, je la refusais. Je redoutais le retour des chinoiseries. Quelques années plus tard, à partir de 1974, je redécouvrirais la technique de l'encre de Chine. Mais je ne la vivrais plus comme un exercice de style, un dérivatif à mon impuissance à peindre.

J'abandonnai dans les cartons ces feuilles de papier maculées de taches noires et me remis, après un an et demi d'errances, à peindre.

Henri Michaux écrivit après la mort de May ce poème qu'il intitula *l'Interrompue*:

En tenue de princesse, de messagère, sur une scène
de fête, en l'Ile des soies, la malice aux yeux,
Penchée dans une pièce étroite, dans la ville
d'Occident restée étrangère, longuement les mains
mêlant matière et courbes, malaxant des masses,
gonflées de rondeurs de corps acéphales.
Sur sa vie soudain elle passe le buvard.
Fini, fini d'avoir toujours à recommencer à se présenter.
L'avons-nous connue May?

Il fut écrit pour l'exposition que la Galerie de France consacra aux sculptures qu'elle créa quelques années avant sa mort. Exécutées en plâtre, elles sont le fruit de moments de répit que lui laissa la maladie. Martine Boileau et Étienne Hajdu avaient pris généreusement en charge son initiation. Comment, si tardivement, peut-on avoir ce goût de malaxer un matériau, et de lui donner ces formes harmonieuses, sensuelles, pour en faire un travail abouti ? Je ne l'ai toujours pas compris.

Au début de 1973, je peignis des petits formats puis, au printemps, je décidai de travailler sur une grande toile. Je l'intitulai *Nous deux encore*, reprenant le titre d'un long poème que Henri Michaux écrivit après la mort de sa femme. Je ne saurais pas, même avec le recul, parler de ce tableau. Il est maintenant dans les collections du musée Fukuota au Japon.

A la fin du mois de mai, j'allai avec Vadim Elisseeff au musée du Petit-Palais visiter l'exposition consacrée aux trésors de l'archéologie chinoise. Vadim y faisait une présentation d'objets pour une chaîne de télévision. Il me demanda d'y participer pour parler des bronzes de l'époque Chang, Tcheou et Han.

Je rencontrai une jeune femme qui venait de passer le concours de conservateur de musée de la Ville de Paris. Elle était là, en attendant d'être affectée au Musée d'art moderne où elle souhaitait exercer son métier. Elle avait vingt-six ans, j'en avais cinquante-deux, exactement le double. Elle était libre et n'avait pas d'enfant.

Je dis souvent en riant que je l'ai épousée à cause de son nez, court et joyeux, et de ses pieds, de petite taille. En Chine, les femmes occidentales sont appelées «gros nez avec de grands pieds» et ont été dans ma jeunesse, avec mes camarades d'école, un sujet de moquerie. Les jeunes femmes chinoises qui m'avaient été présentées à Hongkong et qui venaient visiter Paris me demandaient la sempiternelle visite de la tour Eiffel et de Versailles. J'en avais assez de me transformer en guide de musée. Avec Françoise, il n'était plus question de cela ! Elle en savait plus long que moi sur le sujet.

Bien sûr elle connaissait ma peinture.

Nous nous sommes mariés quatre ans plus tard.

Longtemps encore la mort de May m'a accompagné dans mon atelier et mes nuits d'insomnie mais, de jour en jour, j'ai retrouvé le calme, et la paix.

Je sais qu'à partir de 1973 ma peinture a changé car mes amis me l'ont souvent dit, et surtout écrit. Peut-être avais-je atteint la maturité, le moment où l'on profite de ce qui a été engrangé et où tout devient plus facile, après les longs efforts et le travail acharné?

Ce que je sais aussi c'est que j'aime de plus en plus peindre, que j'ai de plus en plus de choses à dire, avec l'incessante peur de me répéter. Je peins ma propre vie mais je cherche aussi à peindre un espace invisible, celui du rêve, d'un lieu où l'on se sent toujours en harmonie, même dans des formes agitées de forces contraires.

Chaque tableau, du plus petit au plus grand, est toujours un morceau de cet espace de rêve. Je sais que René Char l'a compris car, dans la préface du catalogue de l'exposition à la Galerie de France, en 1977, il écrivit ceci, qui m'emplit d'une grande joie: «Là perce le sortilège aérien et tellurique d'Orphée voyageur. Tous les éléments qui composent l'œuvre produisent entre eux d'une manière continue. Comme ligne de démarcation passagère, celle au soir du partage des couleurs dans un mélange tumultueux.»

IX

Cinq années ont passé et j'avais, de temps en temps, repris de grandes feuilles de papier blanc, l'encre et le pinceau, rapportés de Chine. J'éprouvais un immense plaisir à toucher cette surface boursouflée et cassée par les froissements que je lui ai, au préalable, imposés, surface si différente de celle de la toile vierge toujours impeccablement tendue et lisse. Je m'amusais de ces hasards des pliures de la feuille et de l'imprégnation si diverse et inattendue de l'encre, mélangée à l'eau sur le papier. Il suffit de toucher le papier, de laisser aller le poignet mobile en appuyant ou par petits gestes brusques et une diversité de taches transparentes ou obscures parcourent la surface blanche en une infinité de blancs ou de noirs, sales ou dilués, et de gris, des milliers de gris.

Et, progressivement, en me reposant de

l'exigence et de la concentration qu'exige la peinture à l'huile, je pris conscience que la pratique de l'encre de Chine devenait plus qu'un jeu, relation que j'entretenais avec elle depuis toujours.

Je crois pouvoir dire que faire de la peinture avec des taches est une invention chinoise mais les peintres chinois ne l'ont jamais prise au sérieux et je m'étais longtemps méfié de cette facilité qui me venait de mon long apprentissage de la calligraphie. C'était resté un exercice de style, une espèce de démonstration virtuose dont je me méfiais.

Mais, malgré ce sentiment qui me devenait de plus en plus indifférent, je continuais. Je voyais naître des espaces, se faisant ou se défaisant au gré de mes fantaisies, dans une impression envahissante de légèreté: légèreté du pinceau et de la couleur, légèreté du moment, du temps qui passe.

En déployant ces taches, la vie me devenait plus légère à vivre et le plaisir de ces gestes l'emportait sur les traces de ma mémoire.

Michaux vint dîner à la maison. Il acceptait rarement et j'attendais ce moment avec impatience. Je lui parlai de ce travail et il en devint immédiatement curieux.

Après le dîner je lui en montrai quelques-unes, en lui demandant de n'en rien dire, persuadé de toute façon qu'un jour ou l'autre je me déciderais à tout détruire.

J'avais osé cette imprudence car je savais que Michaux me comprendrait. Tout son œuvre de peintre est fondé sur le travail du geste et des effets de l'encre. Cette complicité m'autorisait à transgresser mes doutes.

Il me demanda de continuer et me proposa de revenir plus longuement. Il n'aimait pas l'odeur de la térébenthine, et ce soir-là, mon atelier était envahi par cette odeur si entêtante. Il s'était promené entre les encres, étalées par terre, un mouchoir sur le nez. La soirée était avancée et je sentais qu'il voulait partir.

Je décidai de poursuivre et en quelques mois en fis plus d'une centaine mais ne les montrai à personne.

Michaux revint à l'atelier passer tout un après-midi. Je lui parlai longuement de mes hésitations, de ma méfiance. Je n'ai rien gardé en mémoire, précisément, de ce qu'il m'a dit et maintenant je le regrette. Mais je sais qu'il a levé mes doutes et dissipé cette peur d'être tombé dans la facilité, dans le piège de la répétition, toujours présente et menaçante. Je sais que sournoisement elle peut s'installer.

Après son départ, tout me sembla plus clair, et sur les cent que j'avais devant moi, je décidai de n'en conserver que dix-sept et détruisis toutes les autres, immédiatement. Je n'en n'avais plus honte et les portai chez mon vieux complice Georges Jault pour les coller sur un carton. Encadreur de son métier, il est le mélange introuvable de la grande qualité professionnelle et de la simplicité devant le travail à faire. Toujours prêt à apprendre malgré son expérience, il reste humble devant le morceau de papier qu'il s'emploie à valoriser, plutôt que de lui nuire par la présence de ce que les Occidentaux appellent le cadre et que les Chinois ignorent.

Ce sont ces dix-sept pièces que je présenterai à la Galerie de France. Charles Feld en fit un livre * et Michaux écrivit la préface.

A presque quarante années de distance, je me retrouvais dans la situation, grâce à lui, de découvrir, une nouvelle manière de travailler qui allait élargir mon univers.

Avec l'habitude et le temps, l'encre de Chine devint une nouvelle pratique. Et c'était de nouveau Michaux qui me l'avait fait accepter. Certains mots de son texte m'apportèrent un apaisement définitif; ils exprimaient ce que j'éprouvais confusément mais que mon obstination à me défaire de la tradition de la Chine m'avait empêché de prendre au sérieux.

Michaux intitula ce texte *Jeux d'encre.*

* Éditions Cercle d'Art.

Je ne résiste pas au plaisir de le citer car il fut essentiel dans la poursuite de cette démarche.

Jeux d'encre

Depuis des années par zèle pour la peinture à l'huile, Zao Wou-Ki s'était détourné du lavis, mode de peinture qu'il faut être Chinois et pétri de qualités chinoises pour réussir de façon légère et aérienne. Et voilà qu'avant de partir en vacances, il m'appelle et à côté de grandes feuilles encore vierges et d'un blanc de neige il m'en montre d'autres, qu'il venait de couvrir par ce procédé et si subtilement qu'au lieu d'encre c'est une fumée qui semblait y avoir pénétré. Ah! cette surprise! Et quelle joie! Il avait donc retrouvé son bien héréditaire: les rythmes de la nature, plus importants que la nature, comme ils apparurent à la pensée là-bas. Le «Yang» l'attendait. Le «Yin» aussi, immanquablement. Le papier sans épaisseur les avait recueillis tout naturellement.

Il y a un peu plus d'un millénaire un poète peintre, Wang Wei, fit avec seulement de l'encre diluée une des plus mémorables cas-

cades de ce monde et quantité de montagnes et des sentiers, des bois, des promontoires et des pins en groupe ou isolés accrochés à des rochers élevés. Pour tous ces spectacles étendus, il usait d'une couleur, une seule; encore était-elle noire. Mille nuances du pâle au foncé et sa spontanéité prodigieuse faisaient le reste.

«Il avait trouvé le moyen de peindre le souffle des nuages... ses montagnes étaient traitées comme des jeux d'encre.»

Le maître, est-il dit quelque part, «pose l'encre légèrement ici, lourdement là». C'est le sans matière qui ressuscite la matière, la matière en mouvement. Ainsi le pinceau évasif couvre une grande distance: Tao de la peinture... où simultanément aborde la poésie.

Le peuple du pinceau s'est plu à cette peinture, et à travers les siècles s'y exerça.

Zao Wou-Ki a repris les jeux d'encre; à sa manière.

Plus libéré du concret que ses prédécesseurs en Chine, et plus que dans ses propres peintures, sur des surfaces plus nues, plus intactes.

Foisonnements, jaillissements, ruissellements où participent, sans se départager, les trois règnes, unis dans un règne total, celui des naissances.

Le noir posé, le blanc du papier, de-ci de-là resté vacant, en zones inattendues s'éveille.

C'est le Vide, qui pour l'harmonie du Monde ne doit jamais faire défaut, n'importe où.

Les forces du dehors (seul montré)-ont, nul doute — parenté du Cosmos — à voir avec le naturel des hommes, d'hommes, qui spontanés, pleins d'élans, ne connaîtraient pas l'accablement.

L'abstrait davantage prend place
abstrait par détachement
purification des présences

Éparpillé ici, secret là
des œufs ou des îles?
marque ultime

L'abrégé, le résiduel

Ce qui n'a pas été entraîné s'arrête
elliptique

Une masse devient trace

Appel au resserrement

Le vivant encore bruissant
né à l'instant
l'intant d'après, seulement présumé...

L'esprit de l'aphorisme rôde aux alentours

Présence ressentie de l'ancienne perspective aérienne...

Avec une souplesse de soie
un atterrissage sur plage de papier

Et toujours à l'arrivée
un je ne sais quoi de décontracté
... pas du tout occidental.

Henri Michaux

Me sentant dégagé de la Chine, je pouvais aller à sa rencontre.

Si, en apparence, les gestes que j'accomplissais étaient les mêmes, mon état d'esprit avait changé à tel point que ces larges feuilles avec de grands espaces vides, tout blancs, me montraient un espace, de multiples espaces auxquels je n'avais pas songé. J'avais le sentiment de devenir devant elles plus libre, plus lucide. Par moments, je peignais le silence. Ces grandes coulées noires qui s'étalaient sur une surface absorbante, à la limite d'une palpitation vitale, me forçaient à devenir plus économe dans mes gestes.

Je découvrais la lumière de la blancheur du

papier et la douceur infinie de l'apaisement après l'orage.

La pratique de l'encre de Chine me devint bénéfique, comme l'avait écrit Michaux vingt ans avant à propos de ma peinture. Une longue culpabilité à l'égard de ce que j'avais laissé en Chine commençait de s'atténuer...

Frayeurs et terreurs de l'enfance, contradictions de l'adolescence, errances, élans arrêtés, souffrances du repentir : je parvenais, à l'âge de soixante ans, à en venir à bout pour m'abandonner au seul et unique plaisir de peindre dans le silence de mon atelier.

Je ne sais pas dire ce qu'a été pour moi la mort de Michaux. Je n'en ai jamais parlé avec Micheline, celle d'entre nous qui l'a le mieux compris. J'imagine qu'elle a été plus malheureuse que quiconque. Lorsque je l'ai rencontrée, quelque temps après, je l'ai sentie mal dans sa peau, comme on dit en français, elle habituellement si à l'aise.

J'ai pensé que, comme moi, elle ne pouvait plus vivre comme avant, amputée de quelque chose qui faisait partie d'elle-même.

X

En 1981, pour la première fois en France, mes œuvres furent exposées dans un lieu officiel, comme on dit, au Grand-Palais, grâce à Michel Tourlières, l'ami nouveau dont le lien de loyauté et de complicité est aussi ancien qu'avec mes plus vieux amis parisiens.

L'exposition regroupa trente tableaux pour trente ans de vie. Il ne pouvait être fait pour moi de choix plus confiant que celui de Jean Leymarie dont la connaissance et le regard généreux des grands amoureux de la peinture me donnaient à penser que cela pouvait suffire à rendre compte de mon travail. L'espace était compté mais c'était suffisant. Avec Jean, je savais qu'il n'y aurait que l'essentiel et c'était bien ainsi.

A l'automne, l'exposition partit en voyage. Les mêmes tableaux furent présentés en 1983 à Pékin, également dans le cadre d'une exposition officielle à laquelle j'assistai. Combien de fois ai-je entendu cette phrase, de la part de mes compatriotes, amusés ou dédaigneux: «Mais cela ne ressemble à rien... !» Je me suis surpris à regretter Paris et mes amis français. Décidément la Chine était bien loin de moi...

Et pourtant un jour ou l'autre je devrais m'expliquer, à défaut de me faire comprendre.

C'est ce que j'ai tenté de faire à Hang-Tcheou en 1985. L'enseignement est une tâche difficile car regarder et analyser le travail de ses élèves pour les aider à progresser empêche de penser à la sienne.

Ce que j'ai fait à l'École nationale supérieure des arts décoratifs m'a aidé à affronter ce qui m'attendait en Chine. Mes élèves parisiens, souvent d'une grande culture, d'horizons très divers, avaient *a priori* une considération pour ma peinture qui m'épargnait toute justification... Ils étaient à la recherche d'eux-mêmes, imprécis, indécis certes mais toujours à mon égard compréhensifs, me créditant d'une confiance que j'ai essayé de leur rendre.

A Hang-Tcheou, j'ai plus été l'objet d'une vénération, pour des raisons obscures et pas nécessairement propres à ma peinture, que de l'attention qu'on porte à quelqu'un qu'on cherche à comprendre.

Dès la première leçon j'ai expliqué: «Lorsque vous commencez un tableau, il faut le commencer dans son ensemble car si vous dessinez d'abord le centre, la relation avec le reste sera impossible à trouver. Un couleur ne s'utilise pas seule, elle ne peut pas rester isolée car dès que le pinceau pose une touche c'est la surface entière qui bouge. Si vous touchez ici, il faut toucher les autres endroits. Il faut lier l'ensemble, en trouvant les bonnes variations, avec la plus grande simplicité.

Et si vous compliquez, tout devient confus et on ne voit plus rien. En regardant bien ce tissu rouge devant lequel est installé le modèle, vous voyez bien que le rouge n'est pas identique, à cause de la couleur de la peau; dans certains cas il faut le calmer, l'adoucir, ailleurs le faire bouger parce que l'espace bouge en même temps. Il faut regarder les contrastes, oser employer les couleurs pures, oser élargir la gamme.»

Tous debout, devant la peinture de Liu, ils m'ont regardé, stupéfaits. Et Liu, l'élève avec lequel j'ai tout de suite compris qu'il pouvait y avoir un dialogue, m'a dit: «Depuis deux jours, vous avez commencé votre cours et vous nous demandez de faire un nu d'après un modèle. Vous êtes un peintre abstrait, pourquoi ne vous efforcez-vous pas de faire de la peinture abstraite? Vous avez peur d'être en conflit avec la politique?» J'ai posé le pinceau sur le bord du chevalet, préférant m'asseoir. J'étais déjà fatigué à l'idée du travail à accomplir, de l'énorme chemin à parcourir, seulement pour expliquer que ma présence parmi eux n'avait rien à voir avec la politique.

Liu est professeur de peinture traditionnelle chinoise. Il a quarante-cinq ans. Dans ses yeux, derrière des petites lunettes noires, s'allume la lumière de la compréhension lorsque je parle de quelque chose qui ne lui est pas familier. Il a surtout la particularité d'avoir résisté à l'enseignement de la peinture soviétique. Malgré le choix des sujets réalistes, il a gardé la façon de poser la couleur qu'il y a dans les plus belles peintures chinoises, de manier le pinceau avec liberté, en le tournant dans tous les sens, comme le permet l'utilisation libre du poignet. L'école russe apprend à poser chaque élément du tableau l'un après l'autre, aplatissant l'espace. Bien qu'il soit passé par le même moule, et qu'il n'ait pas conscience de sa différence, il y a dans sa peinture une recherche de l'essentiel, de l'intérieur des choses.

Puis Wei, âgé de cinquante-cinq ans, professeur de peinture à l'huile en Mandchourie, toujours crispé, toujours coincé dans une corne de buffle, m'a demandé: «Suis-je trop âgé pour être votre élève?» Il a achevé de m'enlever le moindre espoir de leur apprendre quelque chose en ajoutant: «Mais nous avons appris à peindre autrement, à dessiner d'abord, puis ajouter les couleurs une à une, de plus en plus.»

J'ai essayé d'établir un autre dialogue: «Si vous trouvez plus de choses dans ce qui vous a été appris, vous n'avez rien à faire ici et moi non plus.»

J'étais là pour un mois et c'était bien mal commencer le séjour que j'avais décidé de mener à terme. «Je suis ici pour montrer ce que je ressens et j'essaie de vous apporter ce que je sais, vous montrer le chemin sur lequel vous pourrez continuer à marcher tout seuls lorsque je ne serai plus là.»

La peinture, c'est un peu comme le sentiment. Si on est amoureux d'une jeune fille, on projette un jour de lui envoyer des fleurs; un autre jour, un cadeau. Puis vous envisagez de l'embrasser. Mais ce sont des projets. Dès le premier contact, peut-être va-t-elle refuser, vous gifler si vous lui prenez la main? De même, si vous touchez la toile blanche, vos pensées et désirs sont confrontés avec elle et tout change. Ce que vous aviez imaginé, vous ne pouvez pas l'exprimer, la peinture se refuse à vous. Le moment de vérité, c'est la touche sur la surface de la toile. Si vous programmez votre propre peinture sans accepter les réticences, les hésitations, le rapport que vous entretenez avec elle, alors il vaut mieux demander à vos parents d'arranger le mariage, c'est-à-dire de faire votre peinture. Il n'y a plus de place pour l'invention, l'aventure et encore moins la création.

Alors il ne faut pas faire de distinction entre peinture réaliste et peinture abstraite : la seule réalité, c'est la nécessité. Un portrait, une nature morte, c'est la même chose : un prétexte pour voir une construction, essayer de la dominer au lieu d'être dominé par elle. Et la nécessité, c'est la sincérité du sentiment, en l'approfondissant, sans chercher à plaire. A ce prix seul la nouveauté viendra, car vous aurez trouvé une raison d'être qui dépend surtout de la capacité à travailler, à oser, à se remettre en question.

Moi je suis abstrait, un autre est figuratif : à chacun son caractère. La peinture est une capacité personnelle : certains s'arrêtent, d'autres avancent, d'autres suivent ou au contraire inventent, c'est ce qui fait la différence de qualité, en dépit de la mode, de l'histoire ou de la politique.

Les coups de bistouri que j'ai brutalement donnés dans la carapace de leur mentalité les ont sans doute quelque temps vidés de leur énergie mais j'ai toujours procédé ainsi, et je ne vois pas comment j'aurais pu procéder autrement. Je ne suis pas sûr que l'intervention fût décisive et qu'elle les guérît du cancer du réalisme socialiste qui a détruit pendant des années l'âme de la peinture chinoise. Mais je crois qu'il fallait le faire.

Et puis, comme l'alternance des saisons à laquelle j'assiste avec délectation dans mon jardin de dix mètres sur huit, et la vie nouvelle qui se partage avec une autre épouse, voilà qu'un ami des plus chers me parle de mon retour vers la Chine et me met face à face avec cet obsédant va-et-vient du retour aux origines:

«Cet hiver, dans l'atelier de la rue Jonquoy, l'impression immédiate que la Chine avait pris plus de présence. Dans les rapports du vide au plein peut-être, les jeux du clair avec l'obscur, dans les accords somptueux et nécessaires qui s'établissent entre des âpretés de roche en gésine et les évanescences drapées, les vapeurs. L'ampleur aussi, indissociable de cette volonté de perfection que l'on voit poussée jusqu'aux soubassements les plus fins de la texture colorée. L'élargissement surtout, l'élégance suprême du pinceau, et devant l'œuvre, comme devant le fleuve, près de Nankin, l'irrésistible, très lente, épaisse et fluide coulée, la vie, s'épanchant, en diluant dans les brumes opalescentes, la lumière tendre, bouchée d'un matin de mai ; au loin des collines, impalpables et pourtant solides — ce sentiment de frémissante plénitude. Résurgence. Et question, celle que se posait il y a cinq ans l'artiste : de quel effet, prolongé sur sa manière de peindre, purent être les retrouvailles, depuis 1979, avec les lavis, avec des matériaux et des façons installés au cœur de la tradition picturale chinoise ? » *

Voilà que Georges Duby, cet homme si précis et secret, dont le regard généreux exprime au plus haut point le sens de l'amitié partagée, me parle de résurgence ! Lui, l'historien, qui sait, mieux que personne, ce que ce mot veut dire, parle ainsi de ma peinture.

J'en fus bouleversé et n'ai pas su, au bon moment, le lui dire. Je redoutais que son extrême modestie ne voulût y voir qu'une effusion amicale de circonstance.

Alors s'est imposée à moi la décision de ne plus m'occuper de rien. Je me suis, de nouveau et définitivement, abandonné au *plaisir de peindre*. Tradition, entrave, résurgence, révélation : rien de tout cela ne me concerne plus. Je peins et ne pense plus à rien d'autre.

* Catalogue de l'exposition à la Galerie de France en 1985.

IX

J'ai connu I.M. Peï en 1952.

Venu à Paris avec sa femme Eileen, grâce à une bourse du gouvernement américain qu'il dépensait en allant dans les meilleurs restaurants, ce dont il raffole toujours, il rentra au hasard de ses promenades à Saint-Germain-des-Près dans la galerie de Pierre Loeb. Il s'intéressa à ma peinture et, apprenant que j'étais chinois, de Pékin, il chercha à me connaître. Il vint visiter mon atelier et nous mîmes très peu de temps à nous reconnaître. Nos familles et notamment nos pères s'étaient connus, exerçant la même profession. On a su, tout de suite, comme on dit en Chine, «qui est fils de qui».

Nous sommes devenus en quelques années des amis très proches, au point de dire maintenant, comme dans la tradition chinoise, que notre relation est fraternelle. Nous partageons ce plaisir immense de parler la même langue, le mandarin, et d'avoir les mêmes références, jusque dans le goût pour certains plats de la cuisine chinoise, que les Occidentaux ne comprennent pas.

Bien sûr, le respect réciproque de notre travail nous a toujours accompagnés : il nous est, par deux fois, arrivé de le mettre en commun.

Mais nous avons aussi partagé nos soucis, surtout lorsqu'ils étaient graves. Certaines attaques portées contre lui à propos du Louvre l'ont particulièrement atteint car elles étaient une mise en doute de la qualité de son travail. Je lui ai toujours répondu qu'il n'avait, à son âge, plus rien à prouver ; la seule réponse à donner était de proposer à ses détracteurs d'aller visiter la nouvelle aile de la National Gallery de Washington car l'avaient-ils seulement vue, ceux qui le critiquaient avec autant de vigueur ? Il y a fort à parier que ce ne fut pas le cas pour celui qui écrivit qu'I.M. Peï préparait, pour le réaménagement du Grand Louvre, un Disneyland !

En fait, ce ne fut pas finalement aussi grave car ce qu'il voulait s'est fait et il est resté conforme à ce qu'il avait décidé. Alors pour le reste, laissons faire le temps... qui lui donnera raison, mais je ne suis pas sûr qu'il gardera de la France une impression aussi douce que celle qu'il en avait auparavant.

Il lui a fallu beaucoup de modestie et de force pour continuer. Si la vieillesse a un privilège, c'est celui de permettre la présence en soi de ces deux sentiments. Je l'ai reconnu chez d'autres amis, à des moments très difficiles, là où l'on prend conscience que le temps qui reste à vivre ne sera pas suffisant pour remonter à la surface.

En quarante ans, je n'ai pas beaucoup changé. Ma vie est rythmée par les expositions. J'attends avec anxiété, de longs mois à l'avance, le moment où je vais livrer au regard des autres ce que j'ai tant de fois regardé seul. Pendant des jours ou des semaines je me suis posé la question de décider si le tableau était terminé, s'il pouvait partir d'ici pour être montré, vivre quelque chose qui n'a plus rien à voir avec moi. Je devrai ensuite l'oublier pour pouvoir recommencer.

Maintenant je ne cherche rien d'autre qu'à faire un tableau, sous l'emprise du moment et de la couleur, où représenter à la fois tout et rien, avec économie, parcimonie même.

C'est du moins la leçon que j'ai tirée de ce tableau de Matisse, *la Fenêtre*, auquel j'ai voulu rendre hommage dans une peinture récente. J'ai essayé d'y mêler la terre et le ciel, inspiré par l'ouverture suggérée où j'ai voulu m'engouffrer. C'est un chemin vers l'infini par le seul recours à la couleur.

«Vous voulez faire de la peinture? Commencez alors par vous couper la langue, car désormais vous ne devrez vous exprimer qu'avec des pinceaux.» Je reprendrais volontiers à mon compte cette phrase que Matisse écrivit dans *Écrits et propos sur l'art,* car à parler de soi on devient bien vite redondant, aussi je laisserai à mes amis le soin de le faire, car ils ont su mieux que moi exprimer ce que confusément je cherchais à faire.

C'est ainsi que j'évoquerai ce texte de François Jacob pour une exposition qui eut lieu en 1981 chez Pierre Matisse, à New York.

Pendant nos déjeuners hebdomadaires, près de l'Institut Pasteur, j'avais deviné, dans sa disponibilité à m'écouter parler de tout et de rien, que nous avions un terrain identique de compréhension. Je veux parler de cet acharnement à continuer à avancer dans le projet fixé, malgré l'insupportable vieillissement qui nous submerge et nous fait, parfois, l'un et l'autre, baisser les bras.

«Un regard encore ouvert à tous les possibles. Un état qui précède le monde. Une route qui conduit, non à l'achèvement, mais à l'origine, aux confins de ce qui n'est pas encore. C'est là que nous entraîne la peinture de Zao Wou-Ki, vers un espace qui n'est pas encore déterminé, mais reste en suspens, hésite, plane un dernier instant avant de basculer dans ce qui, plus tard, deviendra un ordre.

(...) Il y a, dans la peinture de Zao Wou-Ki, une perpétuelle mise en question du monde. Un acharnement à le re-créer. Certaines de ses toiles évoquent la fureur des origines, l'enfantement de la matière par l'énergie, les derniers soubresauts des explosions créatrices. D'autres déploient l'indocilité moqueuse des nébuleuses. Ou la naissance de la lumière. Ou l'invention de l'eau. Ou le premier matin, comme ce merveilleux petit triptyque aux blancs rosés. Et en filigrane, par-delà les convulsions de la matière, comme prête à sourdre, la vie. »

ANNEXES

BIOGRAPHIE

1921. Zao Wou-Ki naît à Pékin. Six mois plus tard, la famille s'installe à Nantung, petite ville située au nord de Shanghai. C'est là que Zao Wou-Ki fait ses études primaires et secondaires.

1935. A quatorze ans, il entre à l'École des beaux-arts de Hang-Tcheou.

1941. Dès la fin de ses études, il est nommé lecteur dans l'école même qui l'a formé.
Il collectionne les cartes postales que son oncle lui rapporte de Paris et qui reproduisent des peintures françaises, et des «pleine page» (Renoir, Modigliani, Cézanne, Matisse, Picasso) des revues américaines diffusées alors en Chine (*Life, Harper's Bazaar* et *Vogue*).

1946. Les Japonais évacuent la Chine qui devient libre. L'École des beaux-arts qui avait quitté Hang-Tcheou en 1938 pour s'installer à Ch'ung-king, revient dans ses anciens locaux en 1946.

1947. Il organise une exposition personnelle à Shanghai.

1948. Il part de Shanghai, avec sa femme Lalan, le 26 février et arrive à Paris le 1er avril au matin.

1949. Il remporte en février 1949 le premier prix d'un concours de dessin, dont le jury est composé de Lhote et de Gromaire.

1950. Le 4 janvier 1950, Pierre Loeb, amené par Henri Michaux, vient visiter son atelier. Zao Wou-Ki travaillera avec Pierre Loeb de 1950 à 1957.

1951. Zao Wou-Ki va en Suisse pour la première fois et découvre dans les musées la peinture de Paul Klee.

1952. Au cours des deux années 1951 et 1952, Zao Wou-Ki peint assez peu, parce qu'il voyage beaucoup. Il découvre l'Italie (la Toscane, Rome, Pompei, Naples et Ischia) et l'Espagne.

1953. En 1953, il réalise un décor pour les Ballets de Paris de Roland Petit (*La Perle*).

1954. Il fait plusieurs voyages en Suisse, en Bretagne. Le 22 novembre, le musée de Cincinnati présente une exposition rétrospective de l'œuvre gravé.

1955. Il fait la connaissance d'Edgar Varèse.

1957. 1957 et une partie de 1958 sont pour Zao Wou-Ki des années de voyages (États-Unis, Hawaii, Japon).
Il est sous contrat avec Sam Kootz et expose régulièrement dans sa galerie de New York.

1958. Il reste six mois à Hongkong parce qu'il rencontre sa deuxième épouse.
Après une entente avec Pierre Loeb, Zao Wou-Ki sera sous contrat uniquement avec la Galerie de France.

1962. André Malraux est ministre de la Culture: Zao Wou-Ki illustre *la Tentation de l'Occident* de dix lithographies. Il devient en 1964 citoyen français grâce au soutien de celui-ci.

1964. Il peint un très grand tableau en hommage à son ami Edgar Varèse.

1969. C'est une année de voyages à Montréal, au Québec, aux États-Unis. Il visite aussi le Mexique avec Olga et Rufino Tamayo.

1970. Il est nommé professeur à Salzbourg.
Éditée en 1957, la première biographie de

Zao Wou-Ki, écrite par son ami Claude Roy est rééditée en 1970 dans «le Musée de poche».

1972. May meurt au début de mars 1972. Zao Wou-Ki part en Chine le 25 du même mois.

1973. C'est à la fin de 1973 que Zao Wou-Ki recommence à travailler. Il reprend les très grands formats.

1975. Zao Wou-Ki retourne en Chine, voir sa mère, très malade.

1976. Avant son transfert du Palais de Tokyo au Centre d'art et de culture Georges Pompidou, le Musée national d'art moderne présente ses collections en exposant ensemble les œuvres d'un même artiste dans sa collection. Sous le titre d'*Accrochage III* une salle entière est consacrée à Zao Wou-Ki.

1977. 14 tableaux sont exposés à Tokyo à la Fuji Television Gallery. L'exposition est dédiée à la mémoire de Myriam Prévot, directrice de la Galerie de France, décédée subitement au mois de juillet.
Il se marie avec Françoise Marquet.

1978. Zao Wou-Ki va à Washington à l'inauguration de l'aile est de la National Gallery qu'a construite son ami I.M. Peï.
A la FIAC, Zao Wou-Ki expose pour la

Galerie de France et l'Atelier Lacourière et Frélaut.

1979. La Bibliothèque nationale présente dans le salon d'honneur un choix de 80 numéros de la donation faite par Zao Wou-Ki.
Voyages en Italie, à la villa Médicis.

1979. Pour Jean-Philippe Lecat, ministre de la Culture et de la Communication, Zao Wou-Ki réalise 4 dessins pour la Manufacture nationale de Sèvres (destinés à l'exécution d'un service de table).
Zao Wou-Ki fait la connaissance de Roger Taillibert.

1980. En octobre il est nommé professeur de peinture murale à l'École nationale supérieure des arts décoratifs.
Il expose à New York à la Pierre Matisse Gallery.

1981. C'est la première fois que Zao Wou-Ki fait une exposition individuelle dans une institution française: le Grand-Palais. The Society for International Exchange manifeste le désir de reprendre l'exposition dans cinq musées japonais. L'Association française d'action artistique décide de coproduire l'exposition itinérante, dont la première étape sera le Fukuota City Museum à l'automne.

1982. Deuxième étape de l'exposition au Japon:

Tokyo Nihonbashi Art Gallery. Ensuite à Fukui, Museum of Art; The National Museum of Modern Art, Kyoto; The Museum of Modern Art, Kamakura.
A la demande de Hongkong et de Singapour, l'exposition a lieu aussi au Hongkong Art Center et au National Museum of Modern Art de Singapour.

1982. En octobre, à l'invitation de son ami l'architecte I.M. Peï, Zao Wou-Ki se rend en Chine pour assister à l'inauguration de l'Hôtel des Collines parfumées, pour lequel il vient de réaliser deux panneaux, des encre de Chine, de 280 × 360 cm.

1983. Il fait un séjour à Taiwan dont le National Museum of History présente ses œuvres, puis à la Maison de la culture de Tai-Nang et la Bibliothèque préfectorale de Tai-Chung.
Le ministère de la Culture chinois invite pour la première fois Zao Wou-Ki à exposer dans son pays et organise, avec l'Association des artistes chinois, une exposition au Musée national de Pékin et, simultanément, la Zyejiang Academy of Fine Arts, à Hang-Tcheou.
Il demande à ses amis Yu-Feng et Wu-Zuoren de préfacer le catalogue et assiste, en septembre, au vernissage que patronnent Charles Malo, ambassadeur de France, et M. Ting, vice-ministre de la Culture.
Il dessine un projet de mosaïque de 2 × 10 m pour le lycée Honoré de Balzac de Mitry-

Mory, construit par son ami l'architecte Roger Taillibert.

1984. Il est promu officier de la Légion d'honneur sur la proposition du ministre de la Culture, M. Jack Lang.

1984. Il expose à la Galerie Jan Krugier à Genève. A Paris, en octobre, il expose dix grands tableaux réalisés entre 1981 et 1984, à la Galerie de France et, simultanément, ses œuvres antérieures à 1970 à la Galerie Patrice Trigano.

1985. A la demande de son ancienne école, Zao Wou-Ki se rend à Hang-Tcheou.

1986. Exposition à la Galerie Pierre Matisse à New York, préface de François Jacob.
Exposition à la Galerie de France du triptyque pour Singapour (Raffles City. Architecte : I.M. Peï).

1987. Fuji Télévision Galerie, Tokyo, peintures récentes, préface de Junji Ito.

1988. Galerie Jan Krugier, Genève, peintures récentes, préface de Jean Leymarie.
Il expose à la FIAC, dans l'espace de Artcurial, de grands formats récents, et présente dans la galerie de l'avenue Matignon un ensemble de tableaux de 1954 à 1988.
Musée de Metz (décembre).

MONOGRAPHIES CONSACRÉES À ZAO WOU-KI

1957. Claude Roy: *Zao Wou-Ki*. Préface d'Henri Michaux, Paris: Fall (Coll. «Le Musée de poche»).

1960. Myriam Prévot-Douatte: *Mon ami Zao Wou-Ki*, Paris: Galerie de France.
Claude Roy: *Zao Wou-Ki*, New York: Grove Press.

1962. Michel Ragon: *Zao Wou-Ki*, Cimaise, 57 (préface d'une plaquette éditée par Cuadernos de Arte del Ateneo, Madrid).

1965. Pierre Schneider: Préface d'une plaquette éditée par l'Albertina Museum, Vienne.
Pierre Schneider et Alfred Manessier: Préface d'une plaquette éditée par le Folkwang Museum, Essen.

1968. Pierre Schneider: Préface au catalogue des expositions de Los Angeles et de San Francisco.

1970. Claude Roy: *Zao Wou-Ki.* Préface par Henri Michaux. Nouvelle édition revue et corrigée, Paris: Goldschmidt (Collection «Le Musée de poche»).

1972. Pierre Schneider: *Les Dialogues du Louvre,* Paris: Denoël (11 artistes, notamment Zao Wou-Ki, Soulages, Chagall, Miró; éd. américaine: New York Atheneum).

1974. Jean Laude: Zao Wou-Ki, Bruxelles: La Connaissance.

1975. Françoise Marquet: *Zao Wou-Ki, les estampes 1937-1974* (75 exemplaires de tête accompagnés d'une eau-forte). Préface de Roger Caillois, Paris: Arts et Métiers graphiques — Yves Rivière, éditeurs.
Françoise Woimant: «Catalogue des estampes de Zao Wou-Ki», Nouvelles de l'estampe, 23, p. 45.

1977. Freddy de Vree: *Zao Wou-Ki,* Schelderode: Kunstforum.
Henri Michaux: *Trajet Zao Wou-Ki.* Catalogue de l'exposition à la Galerie Fuji Television, Tokyo.
Myriam Prévot-Douatte, Jacques Lassaigne, Michel Ragon, Claude Roy, Pierre Schnei-

der: *Zao Wou-Ki,* Terre d'Europe, 53, septembre-octobre.

1978. Jean Leymarie: *Zao Wou-Ki.* Documentation de Françoise Marquet. Barcelone: Poligrafa / Paris: Hier et Demain.
Dora Vallier: *Zao Wou-Ki, En torno al gesto,* éd. Poligrafa, Barcelone.

1979. Jean Leymarie: *Zao Wou-Ki.* Documentation de Françoise Marquet. Traduction anglaise de Kenneth Lyons. New York: Rizzoli.

1980. Henri Michaux: *Zao Wou-Ki, Encres.* Dialogue avec Françoise Marquet, Paris: Cercle d'Art.

1981. Freddy de Vree: *Zao Wou-Ki.* Éd. Kunstforum, Schelderode, Belgique (Kunstpocket en français).
Michel Tourlières, Jean Leymarie, François Tcheng: Catalogue de la rétrospective au Grand-Palais. Éd. Ministère de la Culture et de la Communication.
Article «Zao Wou-Ki», nouvelle édition du Petit Larousse.

1984. Hsu Kai-Yu: *Colour and light in the canvases of Zao Wou-Ki.* Hongkong: *A Reditions Book,* published by The Chinese University Press.

1986. Jean Leymarie: *Zao Wou-Ki.* Documentation par Françoise Marquet. Éd. Cercle d'Art, Paris; éd. Poligrafa, Barcelone.

1988. Claude Roy: *Zao Wou-Ki*. Collection Les Grands Peintres. Éd. Cercle d'Art, Paris.
Daniel Abadie et Martine Contensou: *Zao Wou-Ki*. Collection Les Maîtres de l'art. Éd. Ars Mundi.
Bernard Noël: *Zao Wou-Ki, Encres*. Éd. La Librairie Seguier-Archimbaud, Paris.

ŒUVRES POÉTIQUES ILLUSTRÉES PAR ZAO WOU-KI

1950. Michaux, Henri: *Lecture par Henri Michaux de 8 lithographies de Zao Wou-Ki.* Paris: Euros et Robert Godet.

1957. Char, René: *Les Compagnons dans le jardin,* gravures en couleurs, Paris: Broder.

1962. Malraux, André: *La Tentation de l'Occident,* 10 lithographies en couleurs. Paris: Les Bibliophiles comtois.
Juin, Hubert: *Les Terrasses de jade,* 4 gravures en couleurs. Paris: La Source.

1965. Saint-John Perse: *Œuvre poétique.* 8 aquarelles reproduites en couleurs. Paris: Rombaldi.

1966. Rimbaud, Arthur: *Les Illuminations.*

8 aquarelles reproduites en couleurs. Paris: Le Club français du livre.

1967. Rimbaud, Arthur: *Les Illuminations.* 8 gravures originales. Paris: Le Club français du livre.

1971. Lescure, Jean: *L'Étang,* 8 gravures en couleurs. Paris: Galanis (sélectionné en 1973 par le Comité des expositions du livre et des arts graphiques français, comme un des «50 beaux livres de l'année 1972»).
Pound, Ezra: *Cantos Pisans.* 8 gravures en couleurs. Paris: Belfond.
François, Jocelyne: *Feu de roue,* 1 lithographie en couleurs. Montpellier: Fata Morgana.
Kobler, Arnold: *Geral Carmer, Trente ans d'activité.* Estampes de: Arp, Braque, Calder, Chadwick, Chagall, Dunoyer de Segonzac, Max Ernst, Marino Marini, Henri Matisse, André Masson, Joan Miró, Henri Moore, Picasso, Siqueiros, Jacques Villon et Zao Wou-Ki. Genève: Cramer.

1974. Laude, Jean: *En attendant un jour de fête.* 1 eau-forte, Montpellier: Fata Morgana.
Laporte, Roger: *Une migration.* Lettre-préface de René Char, Frontispice de Zao Wou-Ki, 1 eau-forte originale, Montpellier: Fata Morgana.
Char, René: *Le monde de l'art n'est pas le monde du pardon.* 6 lithographies en cou-

leurs: Miró, Lam, Szènes, Vieira da Silva, Charbonnier, Zao Wou-Ki. Paris: Maeght.

1975. Caillois, Roger: *Randonnées*. 5 eaux-fortes en couleurs accompagnant un texte de Roger Caillois. Paris: Yves Rivière.
Cadieu, Martine: *La mémoire amoureuse*. Lettre-préface de René Char, frontispice de Zao Wou-Ki, 1 eau-forte originale. Limoges: Rougerie.
San Lazzaro et ses amis. 9 lithographies en couleurs: Max Bill, Calder, Chagall, Max Ernst, Hartung, Miró, Moore, Sutherland et Zao Wou-Ki. Paris: Éd. XXe siècle.

1976. Gali, Christian: *Bocage pour les allusions à Brève*. Avec 1 gravure en noir. Paris: Éd. Saint-Germain-des-Près.
Caillois, Roger: *A la gloire de l'image*. Avec 15 lithographies en couleurs. Barcelone: Poligrafa.
Boudaille, Georges; Lescure, Jean; Parmelin, Hélène: *Hommage à Federico Fellini*, [Illustrations de] Corneille, Kijno, Labisse, Lindström, Messagier, Pignon, Prassinos, Singier, Zao Wou-Ki. Rome: Grégory.

1977. *Hommages aux Prix Nobel*. Portfolio de 33 artistes. Malmö: Galerie Börjeson.

1978. Senghor, Léopold Sédar: *Élégie pour Jean-Marie*. Avec 4 lithographies en couleurs. Genève: Éd. du Regard.

ŒUVRES POÉTIQUES ILLUSTRÉES

1981. Jacottet, Philippe: *Beauregard,* avec 5 gravures en couleurs. Paris: Maeght.
Jamme, F.A.: *L'ombre des bien à venir,* avec 2 gravures en noir. Thierry Bouchard.
Gaspar, Lorand: *Genèse,* avec 3 gravures en noir. Thierry Bouchard.

1986. Henri Michaux. *En Occident, le jardin d'une femme indienne.* 25 exemplaires avec une encre originale sur papier de Chine. Éd. L'Ire des Vents, Paris.

1988. Yves Peyré. *L'Évidence de la nuit.* 4 gravures, noir et blanc. 90 exemplaires. Éd. J.T. Quentin, Genèse.

MUSÉES ET COLLECTIONS PUBLIQUES POSSÉDANT DES ŒUVRES DE ZAO WOU-KI

ALLEMAGNE :
Folkwang Museum, Essen.

ANGLETERRE :
The Tate Gallery, Londres.
Victoria and Albert Museum, Londres.

AUTRICHE :
Albertina Museum, Vienne.

BELGIQUE :
Bibliothèque royale de Belgique, Bruxelles.
Fondation Veranneman, Kruishouten.
Musée des Beaux-arts, Bruxelles.

BRÉSIL :
Museu de Arte Moderna, Rio de Janeiro.

CANADA:
Canadian Imperial Bank of Commerce, Toronto.
Musée des Beaux-arts, Montréal.

CHINE:
The Fragrant Hills Hotel. Architecte: Peï (prêt ville de Pékin), Pékin.
Zyejiang Academy of Fine Arts, Hangzhou.

ÉTATS-UNIS:
Aldrich «Old 100» Collection, Ridgefield.
Art Institute of Chicago, Chigago.
Asia Art Museum of San Francisco, The Avery Brundage Collection.
Atlanta Art Center, Atlanta.
Atlanta University, Atlanta.
Berkeley University, Los Angeles.
Carnegie Institute, Pittsburgh.
Oyahoga Savings Association, Cleveland.
Cincinnati Art Museum, Cincinnati.
Colb by Museum of Art, Maine.
Detroit Institute of Art, Detroit.
Finch Art College Museum, New York.
Fogg Museum of Art, Harvard University, Cambridge (Massachusetts).
Herbert F. Johnson Museum of Art, Ithaca (New York).
High Museum of Art, Atlanta (Georgie).
Hirshhorn Museum, Washington D.C.
International Minerals and Chemical Corporation, Stanford (Californie).
Medical Research Center, Los Angeles.
Museum of Fine Arts, Houston (Texas).
The Museum of Modern Art, New York.

Middle South Service Inc.
Museum of Modern Art, San Francisco.
Rose Museum Brandeis University.
San Francisco Museum, San Francisco.
The Solomon R. Guggenheim Museum, New York.
Stanford University, Stanford (Californie).
Upjohn Company Collection, Kalamazoo (Michigan).
Virgin Island Museum, St. Thomas (Virgin Island).
Viriginia Museum of Fine Arts, Richmond (Kentucky).
University of Virginia Art Museum, Richmond (Kentucky).
Wadsworth Atheneum, Hartford (Connecticut).
White Art Museum, Cornell University, Ithaca (New York).
Walker Art Center, Minneapolis.
Yale University Art Gallery, New Haven.

FINLANDE:
Kunstmuseum Athenaeum, Helsinki.

FRANCE:
Air France, Direction générale, Paris.
École nationale normale supérieure, Lyon. Architecte: Philippe Dubois.
Musée de Metz.
Musée d'Unterlinden, Colmar.
Musée de Valence.
Musée Ingres, Montauban.
Musée du Havre.
Musée national d'art moderne, Paris.

Musée d'art moderne de la Ville de Paris.
Fonds national d'art contemporain, Paris.
Bibliothèque nationale, Paris.
Manufacture nationale des Gobelins.
Manufacture nationale de la Savonnerie, Paris.
Manufacture nationale de Sèvres, Paris.
Musée Bertrand, Châteauroux.
Société des compteurs Schlumberger, Paris.
Total, Compagnie française des pétroles, Paris.

HONGKONG:
Hongkong Museum of Art.

INDONÉSIE:
Musée de Djakarta.

ISRAËL:
Musée de Tel-Aviv.

ITALIE:
Galleria Civica d'Arte Moderna, Gênes.
Galleria Civica d'Arte Moderna, Milan.
Musée des beaux-arts, Milan.

JAPON:
Fukuoka Art Museum, Fukuoka.
Nagaoka Contemporary Art Museum, Nagaoka.
Bridgestone Museum of Art, Tokyo.
The Fuji Telecasting Co Ltd. Collection, Tokyo.
Iwaki Museum of Contemporary Art.
Kanichiro Ishibashi Collection, Tokyo.
National Osaka Museum of Modern Art.
Nobutaka Shikanai Collection, Tokyo.
H. Imasato Collection, Tokyo.

The Hakone Open-Air Museum.
National Osaka Art Museum, Osaka.

LUXEMBOURG:
Musée d'histoire et d'art, Luxembourg.

MEXIQUE:
Museo de Arte Contemporáneo, Mexico.
Museo de Arte Moderno, Mexico.
Museo Tamayo de Arte Contemporáneo, Mexico.

PORTUGAL:
Museu Nacional da Belas Artes, Porto.

SINGAPORE:
Raffles City. Architecte: I.M. Peï.

SUISSE:
Musée d'art et d'histoire «Fondation Gerald Cramer», Genève.
Collection Tyssen-Bornemisza, Castagnola.

TAIWAN:
Bibliothèque préfectorale, Tai-chung.
National Museum of History, Taipei.

YOUGOSLAVIE:
Musée d'art contemporain, Skopje.

Table

Imprimé en France par Dupli-print à Domont (95)

Dépôt légal : Mai 2008
N° d'impression : 98130
35-12-7979-4/08